KARIN KAMPWERTH

KLASSENBESTE(R) IN 4 WOCHEN

MIT ILLUSTRATIONEN VON ALEXANDER WEILER

THIENEMANN

Kampwerth, Karin:
Klassenbeste(r) in 4 Wochen
ISBN 3 522 17506 9

Konzeption, Gestaltung und Herstellung:
Hampp Media GmbH, Stuttgart
Einband- und Innenillustrationen: Alexander Weiler
Redaktion: Claudia Hentschke und Marion Krause
Schrift: Excelsior
Satz: dtp-studio Eckhardt, Neuhausen
Reproduktionen: Bild und Text Baun, Fellbach
Druck und Bindung: Friedrich Pustet, Regensburg
© 2002 by Thienemann Verlag
(Thienemann Verlag GmbH), Stuttgart/Wien
Printed in Germany. Alle Rechte vorbehalten.
7 6 5 4 3*   03 04 05 06

Thienemann im Internet: www.thienemann.de

INHALT

**VIEL ERFOLG MIT
WENIG AUFWAND!** 7
Lernen ohne Ende? 7
Mit Hirn und Herz 8
Power durch Pausen ... 9
Keine Panik! 10
Alles, was sonst noch
nervt 10

**WELCHER LERNTYP
BIST DU?** 11
Check deine Stärken 12
Hier gibt's die Auflösung .. 14

TICKST DU RICHTIG? –
Zeitmanagement 18

TOPFIT DURCH DEN TAG 20
6 Uhr: Pssssst!
Alles schläft noch! 20
6.30 Uhr: Raus aus
dem Bett! 20
7 bis 8 Uhr: Last-Minute-
Lernen 21
9.30 Uhr: Start frei für
Höchstleistungen 22
10 bis 11 Uhr: Brain-
Storming 22
12.30 Uhr: Mach mal
Pause 23
13.30 Uhr: Fitness gegen
Faulheit 23
14 bis 15.30 Uhr:
Fürs Leben lernen 24
16 Uhr: Schmerz,
lass nach! 25

17.30 bis 19 Uhr:
Olympiareif 25
19.30 Uhr: Alle Antennen
auf Empfang 26
22/23 Uhr: Na dann,
gute Nacht! 27

JAGD AUF ZEITDIEBE ... 28
Zeit für Plan A, B und C 29
AAA – Das Top-Trio
für dein Timing 30
*Time out! Weißt du, wie
deine innere Uhr tickt?* ... 32
Auflösung 34

PLATZ DA! –
Organisierte Ordnung .. 36

WO IST EIGENTLICH …? 38
Schritt 1: Ziel erfassen! 39
Schritt 2: Das Who is
Who auf deinem Schreib-
tisch 40
Schritt 3: Farbe
bekennen 42
Top Five – Fünf coole
Aufräumtipps 43

ALLES EASY! –
Lernstrategien für
alle Fälle 46

MATHE & CO. –
Lerntipps für mathe-
matisch-naturwissen-
schaftliche Fächer 48

Formeln lernen 48
Zahlen merken 49

VOKABELN & CO. –
Lerntipps für Fremdsprachen und Deutsch .. 52
Vokabeln büffeln 52
Film ab! 54
Ohren auf! 55
Mit Postern powern 55
Geschichten erfinden .. 56
Reimen: Ganz schick für die Grammatik 56

GESCHICHTE & CO. –
Lerntipps für »Wissens«-Fächer 58
Kreative Kritzeleien ... 58
So malst du eine Mind Map 62

LESEN, LERNEN, PRÜFEN 66
Quer lesen 66
Zum Diktat, bitte! 69
Auf dem Prüfstand 69

PAUKEN WIE IM PARADIES –
Tipps für deine Lernumgebung 70
Tief durchatmen! 70
Highlights für Höchstleistungen 70
Bitte nicht stören! 71
Sinnvoll lernen 72
Mach mal Pause! 73
Super Net(t) 76

DU KANNST DAS! –
Schluss mit Prüfungsstress! 78

TOP VORBEREITET 80
Quick-Tipp für Faule .. 82
Gut gemogelt ist halb gewonnen! 83

KONZENTRATION BITTE! 85
Der richtige Kick für deine Konzentration ... 85
So kurbelst du deine Konzentrationsfähigkeit an 86
Kampf den Konzentrationskillern .. 87
Training für tolle Leistungen 90

RELAX! 93
Entspannung pur 93
SOS-Tipps – So bleibst du bei Klassenarbeiten cool .. 96

LEHRER ...
...die unbekannten Wesen 98

Kleine Lehrertypologie 100
DER COOLE 100
DER DIKTATOR 102
DER LANGWEILER 104
DER CHAOT 106
DER KLEMMI 108
DER SPORTLER 110

BLOSS NICHT ÄRGERN LASSEN! 112
FAQs zu fiesen Lehrern 113

DIE BESTEN AUSREDEN 120

DAS DICKE ENDE 124

REGISTER 126

VIEL ERFOLG MIT WENIG AUFWAND!

Lernen kann Spaß machen – echt! Klar, es macht sicherlich mehr Spaß, sich die Kräfte eines neuen Computerhelden zu verinnerlichen oder die Handy-Nummern von den drei süßen Jungs aus der Disco zu merken, statt fünf Lektionen Englisch-Vokabeln zu pauken. Aber auch das Lernen für die Schule nervt weniger, wenn man die lästigen Pflichten mit geschickten Strategien austrickst. Die Zauberformel heißt dabei: Viel Erfolg mit wenig Aufwand. Schließlich will man ja noch Zeit für Hobbys und Freunde haben. Und wenn du erst einmal begriffen hast, wie du richtig lernst und wann die beste Zeit dafür ist, deinen Kopf anzustrengen, wirst du nicht nur mit mehr Freizeit, sondern auch mit guten Noten belohnt.

Dafür muss man keinesfalls zum Oberstreber mutieren, aber mit diesem Buch zum »Klassenbesten in 4 Wochen« zu werden, ist doch nicht übel, oder? Und falls es mit dem Klassenbesten nicht gleich klappt – du bist auf jeden Fall auf dem besten Weg dazu. Als Klassenzweiter oder Klassenfünfter lebt sich's übrigens auch nicht schlecht! Worum es aber eigentlich geht, ist, dass man das Lernen lernt und dadurch weniger Stress mit der Schule, den Lehrern und seinen Eltern hat!

Lernen ohne Ende?
Lernen begleitet dich, seit du geboren bist. Überleg doch mal, was du in den letzten Jahren alles dazugelernt hast. Vom Zähneputzen übers Schnürsenkelbinden bis hin zum Bücherlesen und Surfen im Internet. Und so geht's weiter – egal ob du nach der Schule studieren willst oder eine Berufsausbildung

machen möchtest. Auch später im Berufsleben ist dein Gehirn gefragt. Vom Fortbildungskurs bis zur neuen Computer-Software solltest du immer in der Lage sein, Dinge aufzunehmen, zu begreifen und abzuspeichern. Und das funktioniert besser und einfacher, wenn man weiß, wie's funktioniert!

Mit Hirn und Herz

Verstand, Logik, Gedächtnis – unsere Denkzentrale ist im Großhirn stationiert. Wie bei einer gigantischen Datenbank wird hier alles Wissen hineingepackt. Aufgenommen werden die Weisheiten dabei in der Regel über Sprache, Schrift, Begriffe und logische Beweisketten. Für diese analytische, rationale Denkweise ist allerdings nur die linke Gehirnhälfte zuständig. Leider! Denn die rechte Gehirnhälfte bleibt in unserem Schulsystem weitgehend ungenutzt. Dabei funktioniert rechtshirniges Lernen über so schöne Dinge wie Kreativität, Bilder und Vergleiche. Das Geheimnis der echten Schlaumeier liegt darin, beim Lernen beide Gehirnhälften zu aktivieren, weil das ergänzende Zusammenspiel zum schnellen und vor allem langfristigen Lernerfolg führt. Schließlich benutzt man beim Fahrradfahren ja auch beide Pedale, um vernünftig vorwärts zu kommen!

Klar gehören auch Gefühle zum Lernen dazu. Ganz schlecht, wenn du dich unter Druck setzt und im Stress bist. Prima hingegen, wenn du den Stoff spannend findest. Und auch gut, wenn du dich über Lerninhalte so richtig aufregen kannst. Dadurch setzt du dich fast unbemerkt mit dem Thema auseinander und hast eine geeignete Speicherschublade im Kopf bereits aufgezogen. Wissenschaftlich nachgewiesen ist auch, dass man sich besser erinnern und Dinge behalten kann, je mehr Sinne man einsetzt.

VIEL ERFOLG!

Power durch Pausen

Auch wenn du die besten Lernstrategien in diesem Buch entdeckt hast und dir die Büffelei insgesamt leichter fällt, wird Lernen für die Schule weiterhin unter den Oberbegriff »Arbeit« fallen. Denn es ist schon eine ganze Menge, was man in den zehn bis 13 Schuljahren alles aufnehmen soll. Angefangen vom Alphabet und dem Schreibenlernen bis hin zu den kompliziertesten Matheformeln ist für ein Schülerhirn täglich Höchstleistung angesagt. Zu viel davon macht nicht nur matt im Kopf, sondern auch körperlich richtig schlapp. Wenn du also in der Schule ohne Rücksicht auf Verluste – also ohne auf deine Seele und deinen Körper zu achten – powerst, wird sich das rächen. Konzentrationsprobleme und schmerzhafte Verspannungen können die Folge sein. Deshalb solltest du genügend Büffelpausen einlegen und

* **Du merkst dir 20 Prozent von dem, was du hörst.**
* **Du merkst dir 30 Prozent von dem, was du siehst.**
* **Du merkst dir 50 Prozent von dem, was du hörst und siehst.**
* **Du merkst dir 70 Prozent von dem, was du hörst und siehst, wenn du danach gleich darüber redest.**
* **Wow! Du merkst dir 90 Prozent von dem, was du sowohl hörst als auch siehst, worüber du redest und was du selbst hautnah erlebt oder getan hast.**

sinnvolle Entspannungstipps nutzen, um wieder topfit in die nächste Runde zu gehen.

Keine Panik!

Was nutzt die beste Lernstrategie, wenn einem die Panik vor Prüfungen das Erlernte in Lichtgeschwindigkeit aus dem Gehirn beamt. Deshalb findest du in diesem Buch natürlich auch eine Menge Möglichkeiten, deine Gedanken schnell wieder zu sammeln – selbst wenn du meinst, sie sind in einem fernen Sonnensystem verstreut.

Alles, was sonst noch nervt

Damit können nur die Lehrer gemeint sein, oder? Schlag doch mal in der – nicht ganz ernst gemeinten – Lehrertypologie nach, ob du deine Lehrer wieder erkennst. Praktisch – und ernst gemeint – deshalb die Tipps, wie du die verschiedenen Lehrertypen um den Finger wickeln kannst. Das ist fast so, wie sich das Zeugnis selber schreiben.

Weil Lehrer manchmal aber auch richtig fies sein können, findest du jede Menge Antworten, wie du mit den Problemfällen unter ihnen umgehen kannst.

WELCHER LERNTYP BIST DU?

Hier geht's auch schon los auf deinem Weg zum Schlaumeier ohne Stress. Um die Schule und den ganzen Lernstoff mit einem Lächeln auf den Lippen locker hinter dich zu bringen, brauchst du eine ganz wichtige Info: Welcher Lernstil passt am besten zu dir? Dabei gilt natürlich immer, dass du Deutsch, Englisch, Mathe, Geschichte … ganz unterschiedlich aufbereiten kannst. Trotzdem fällt dir Lernen leichter, wenn du Rücksicht auf deine individuellen Stärken nimmst.

Die Schulpsychologie unterscheidet in visuelle (sehen), auditive (hören) und kinästhetische (fühlen) Lerntypen. Kleines Beispiel: Visuelle Lerntypen behalten Vokabeln am besten, wenn sie zu den Begriffen Bildchen malen. Auditive Typen besprechen eine Kassette mit dem Lernstoff, und kinästhetische Typen entwickeln Experimente oder fassen die Gegenstände an, um sich die Wörter merken zu können.

Kombinierst du unter den verschiedenen Lerntypen, ist das wie die Multiplikation deiner Möglichkeiten – die Quote der Dinge, die du behalten sollst, steigt an wie ein Thermometer im Hochsommer.

Check deine Stärken

1 Wo hast du am liebsten gespielt, als du noch klein warst?
  A im Haus, in der Wohnung
  B auf einer Wiese, im Wald oder auf einem Spielplatz
  C mal hier, mal da

2 Deine Lieblingsfächer in der Schule sind ...
  (hier darfst du zwei Kreuzchen machen)
  A Bio   **E** Musik   **I** Erdkunde
  B Chemie **F** Kunst   **J** Sport
  C Physik **G** Deutsch   **K** Religion/Ethik
  D Mathe **H** Fremdsprachen **L** Informatik

3 Du planst eine Party. Wie kommst du an witzige Einladungskarten?
  A Ich kauf welche im Schreibwarenladen.
  B Ich bastle sie mit einem Grafik-Programm am PC zusammen.
  C Ich zeichne sie selbst.

4 Super! Du verbringst deine Sommerferien auf der Insel Ibiza. Was gefällt dir am besten?
  A am Strand faulenzen
  B in den angesagten Discos abtanzen
  C mit dem Mountainbike die Insel erkunden

5 **Was vermisst du an knallheißen Sommertagen am ehesten?**
   A ein Eis   **B** einen Ventilator   **C** das Meer

6 **Wenn du dich verknallt hast, wünscht du dir von deinem Schwarm als Erstes ...**
   A ... seine/ihre Telefonnummer
   B ... ein Foto von ihm/ihr
   C ... seine/ihre Adresse

7 **Wie beschreibst du dein Zimmer?**
   A chaotisch   **B** gemütlich   **C** clean

8 **Was glaubst du, schätzen deine Freunde am meisten an dir?**
   A dass ich bei Problemen immer einen Rat weiß
   B mein Händchen für die coolsten Outfits
   C meine Hilfsbereitschaft

Hier gibt's die Auflösung

Zunächst einmal zählst du deine Punkte zusammen und findest so heraus, welcher Lerntyp du bist. Im Kapitel »Alles easy! Lernstrategien« (Seite 46 ff.) sind die einzelnen Methoden für jeden Lerntyp dann detailliert beschrieben.

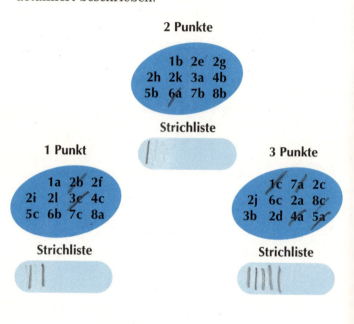

8 bis 13 Punkte – Alles im Blick!
Ganz klar, dein stärkster Sinn ist der Sehsinn. Mit deinen Augen scannst du deine Umwelt förmlich ab und speicherst so die wichtigsten Informationen. Und weil du auf alles ein Auge wirfst, würdest du jederzeit einen Kindergartenkameraden wieder erkennen – auch wenn er sich die Haare rot-weiß-gestreift gefärbt hätte und von der Zwergengröße eines Dreijährigen auf Basketball-Star-Maße herangewachsen ist. Nur – sein Name, der würde dir vermutlich in hundert Jahren nicht wieder einfallen! Deinen Durchblick hingegen solltest du dir auch beim Lernen zu Eigen machen. Verschwende dein Taschengeld deshalb nicht für teure Lernkassetten, sondern investiere in dicke Filzstifte und Posterpapier. Mit Schaubildern, Grafiken und Illustrationen kannst du deine Lernziele am schnellsten erreichen. Das ist garantiert ganz einfach für dich, denn in Kunst oder Erdkunde solltest du eigentlich gute Noten haben.

14 bis 19 Punkte – Ganz Ohr!
Du hörst ganz richtig, denn als auditiver Lerntyp liegen dir nicht nur Fremdsprachen gut, du lernst sie auch am besten, wenn du deinen Siegersinn dabei nutzt. Was das heißt? Ganz einfach: Beim Pauken solltest du immer die Ohren aufhalten. Also nicht still vor dich hin denken, sondern den Stoff laut vorlesen und Vokabeln genau wie Mathe- oder Chemieformeln immer wieder geräuschvoll herunterrasseln. Klar ist bei dir auch Musik während deiner Lern-Sessions erlaubt. Egal ob Madonna oder Mozart, Robbie Williams oder Vivaldi: Bei dem richtigen Sound kannst du dich besser konzentrieren, weil deine Gedanken im Gleichklang sind.

20 bis 24 Punkte – Fühler ausgestreckt!
Wie heißt das gleich noch mal? Kinästhetisch? Auch wenn du diesen Begriff bisher noch nie gehört hast, trifft er auf dich und deinen Lernstil zu. Das heißt übrigens nichts anderes, als dass du am besten durch Ausprobieren, Spielen und viel Bewegung begreifst. Logisch, Sport gehört sicher zu deinen Lieblingsfächern! Und wenn es eine Theater-AG an deiner Schule gibt, kannst du dich da perfekt austoben. Aber auch beim Vokabellernen solltest du deine kinästhetische Kompetenz nutzen. Also nicht einfach die Begriffe auswendig lernen, sondern mit ihnen beispielsweise ein Rollenspiel versuchen. Das funktioniert schon, wenn du aus dem Lernstoff einen Smalltalk in der jeweiligen Fremdsprache mit einem Freund oder einer Freundin durchziehst.

TICKST DU RICHTIG?

Zeitmanagement

Morgens kommst du nicht aus dem Bett, in der Schule gähnst du dich durch den Unterricht, als ob du damit ins Guinness-Buch kommen wolltest, am Nachmittag musst du erst einmal eine Runde schlafen. Und wenn du endlich an deine Hausaufgaben denken kannst, schicken dich deine Eltern schon wieder ins Bett. Ein klarer Fall von falschem Braining!

TOPFIT DURCH DEN TAG

> Du hörst wahrscheinlich eher auf deinen CD-Player oder die neueste Folge deiner Lieblings-Soap als auf deine innere Uhr. Wenn die aber aus dem Takt gekommen ist, siehst du schnell alt aus! Das ist übrigens auch wissenschaftlich bestätigt, denn die so genannte Chronobiologie (griechisch chronos = Zeit; Biologie = Lehre vom Leben) hat herausgefunden, dass der Mensch im 24-Stunden-Rhythmus lebt. Und dass Kopf und Körper dabei zu jeder Stunde bestimmte Stärken und Schwächen haben. Wer seinen internen Stundenplan kennt, kann seine individuelle Erfolgskurve nutzen. Und genau das wird Braining genannt, was soviel bedeutet wie »Leben mit Köpfchen«.

6 Uhr: Pssssst! Alles schläft noch!

Ja genau, du darfst dich ruhig noch einmal gemütlich umdrehen. Denn bevor dich deine innere Uhr aus den Federn befördert, muss erst einmal dein Body in die Gänge kommen. Dazu funktionieren die Nebennieren wie eine Art körpereigene Kaffeemaschine. Sie produzieren den Muntermacher Traubenzucker und das Hallo-Wach-Hormon Cortisol. Damit werden Mineralhaushalt und Stoffwechsel angekurbelt, die einem später den Kick zum Aufstehen geben.

6.30 Uhr: Raus aus dem Bett!

Auch wenn du am liebsten weghören würdest, dein innerer Wecker klingelt wie eine Alarmanlage! Kein Wunder, denn Hautzellen und Verdauungsorgane finden, dass jetzt die beste Zeit für ihre Versorgung ist. Also nichts wie unter eine erfrischende Dusche! Und danach gleich ran an den Esstisch mit einem leckeren Frühstück. Dazu solltest du dir mindestens 15 Minuten Zeit nehmen. Dabei kannst du gleich dei-

ne innere Uhr aufziehen – und zwar mit den richtigen Energielieferanten aus Kohlenhydraten, Vitaminen und Eiweiß.

7 bis 8 Uhr: Last-Minute-Lernen

Hmmmm, du hast gut gefrühstückt, dein Körper und dein Kopf laufen zu ihren ersten Höchstleistungen auf. Vor allem das Kurzzeitgedächtnis dreht zu dieser frühen Stunde mächtig auf. Praktisch, wenn eine Klassenarbeit oder ein Test bevorsteht. Denn jetzt kannst du dir zum Beispiel Vokabeln und Geschichtsdaten noch auf die Schnelle eintrichtern. Das funktioniert auch im Zug oder Bus auf dem Weg zur Schule!

**Frühstückspower:
Mit einem guten Tag rechnen**

Cornflakes, Müsli oder
Vollkornbrot
+ Früchte oder Saft
+ Quark, Frischkäse,
Joghurt oder Milch
= Fit für den Tag

9.30 Uhr: Start frei für Höchstleistungen

Ob sich einer was dabei gedacht hat? Um diese Zeit finden nämlich die großen Pausen an den Schulen statt. Und das ist richtig clever, denn jetzt brauchst du dringend Sauerstoff, weil dein Kopf in den nächsten Stunden in Topform sein wird. Eine Extraportion frische Luft tankst du, wenn du dich dabei bewegst. Also ran an den Streetball-Korb, ein wenig hüpfen, tanzen oder eine Runde um den Schulhof joggen.

10 bis 11 Uhr: Brain-Storming

Nach der Sauerstoffdusche weht ein frischer Wind im Hirn, denn dein Kreislauf arbeitet auf Hochtouren und »bläst« jede Menge Energie durch deinen Körper. Klassenarbeiten, Tests, Prüfungen – in dieser Vormittagsstunde bist du bereit, die kniffligsten Fragen mit links zu lösen. Bestimmt hat selbst Einstein seine Relativitätstheorie zwischen 10 und 11 Uhr entwickelt. Tipp: Bei schwierigen Klassenarbeiten, die sich über mehrere Stunden hinziehen, spar dir diese Zeit für die besonders gemeinen Aufgaben auf.

12.30 Uhr: Mach mal Pause

Puh, geschafft! Die erste Hochleistungshürde für den Tag hast du genommen und – falls dein Braining stimmt – erfolgreich hinter dich gebracht. Höchste Zeit, mal abzuschalten! Wenn da nicht diese blöde letzte Schulstunde noch wäre! Mit diesen Tricks hältst du trotzdem durch: Hände im Sitzen hinter dem Rücken verschränken, tief einatmen und dabei die Arme ausstrecken und nach hinten drücken. Spannung einige Atemzüge lang halten, Arme lockern und seitlich ausschütteln. Einen Kick für den Kreislauf verschaffst du dir mit Fußkreisen. Rechten Fuß leicht anheben, Fußgelenk eine Minute kreisen lassen. Mit dem linken Fuß wiederholen!

Übrigens ist selbst Gähnen erlaubt. Durch die weite Öffnung des Mundes und den tiefen Atemzug beim Gähnen sicherst du dir nämlich eine Extraportion Sauerstoff, die dein Gehirn jetzt dringend nötig hat, um wach und aufnahmefähig zu bleiben. Das solltest du auch deinem Lehrer erklären – falls er befürchtet, dass er dich langweilt!

13.30 Uhr: Fitness gegen Faulheit

Du bist nach dem Mittagessen völlig fertig? Das liegt nicht unbedingt an deiner Menüauswahl, sondern an dem Leistungstief, das dich jetzt voll erwischt. Der Grund: Die Blutzirkulation läuft nicht im Kopf, sondern im unteren Teil des Körpers auf Hochtouren – schließlich müssen Schnitzel & Co. verdaut werden. Also wirklich kein guter Zeitpunkt, um nachzudenken. Verschieb deine Hausaufgaben deshalb nach hinten und geh raus an die frische Luft. Weil Bewe-

gung und Sauerstoff die Müdigkeit vertreiben, hat es der Körper ganz schlau eingerichtet, dass die Elastizität deiner Knochen in dieser frühen Nachmittagsstunde am höchsten ist. Wenn du schon lange mal Grinden oder die neuesten Airs auf der Halfpipe ausprobieren wolltest, ist jetzt die beste Zeit zum Skaten – und natürlich für jede andere Art der Bewegung.

14 bis 15.30 Uhr: Fürs Leben lernen

Eineinhalb Stunden, die du ausnutzen solltest! Lernst du jetzt Vokabeln, wirst du sie auch noch im Rentenalter wissen. Steht eine schwierige Klassenarbeit an, kapierst du den Stoff am besten. Also auch Nachhilfestunden immer zu dieser Zeit buchen, damit es sich lohnt. Dein Langzeitgedächtnis läuft nämlich gerade zu Höchstleistungen auf und gibt jede Menge

Speicherplatz für neuen Stoff frei. Der Energieschub sorgt nicht nur beim Lernen für das entsprechende Fingerspitzengefühl. Wenn du Gitarre, Klavier oder Keyboard spielst, ist das die günstigste Tageszeit für Übungen und neue Griffe.

16 Uhr: Schmerz, lass nach!
Du fühlst dich wie betäubt? Okay, nach dem vorangegangenen Gehirnjogging ist mal wieder Pause angesagt. Aber abgesehen davon lässt die Schmerzempfindlichkeit um diese Tageszeit um bis zu 50 Prozent nach. Ein guter Grund, um z.B. Zahnarzttermine auszumachen. Schade nur, dass man Krankheiten, Stürze und alles andere, was weh tut, nicht einfach immer um 16 Uhr erledigen kann.

17.30 bis 19 Uhr: Olympiareif
Hoffentlich bist du mit den Hausaufgaben durch, denn jetzt ist Body-Power pur angesagt. Damit du nämlich bis zum Schlafengehen wirklich wach bleibst, nimmt der Körper extra viel Sauerstoff auf. Und das hat zur Folge, dass selbst die kleinste Muskelfaser einen Energiekick erhält. Dadurch fällt dir jede körperliche Anstrengung viel leichter, deine Reflexe und Reaktionen erreichen Bestform. Dass das Training wirklich weniger Kraft kostet, haben Tests an Hochleistungssportlern um diese Tageszeit bewiesen.

19.30 Uhr:
Alle Antennen auf Empfang

Musik hören, einen tollen Film anschauen oder lecker essen! Dazu ist jetzt der richtige Zeitpunkt gekommen. Ganz einfach, weil nach Schule und Sport alle Sinne besonders sensibilisiert sind. So klingt dein Lieblings-Sound besonders toll und Fernsehbilder wirken extra intensiv – eine gute Zeit für Gruselfilme, denn bis zum Schlafengehen bleibt noch genügend Zeit, damit der Horror nachlässt!

Auch Zuhören klappt jetzt richtig gut. Deshalb gilt: Wenn du deine Eltern davon überzeugen möchtest, dass du unbedingt ein neues Fahrrad brauchst oder alt genug bist, um mit deinen Freunden in Urlaub zu fahren, werden sie zu keiner anderen Tageszeit besser auf deine Argumente hören. Aber Achtung: Falls du möchtest, dass sie eine schlechte Note nicht so genau mitbekommen, solltest du ihnen die Hiobsbotschaft lieber in einer Phase der Leistungstiefs überbringen.

So viel Schlaf muss sein

* 20 Prozent der Menschen sind Kurzschläfer – sie benötigen nur sechs Stunden und weniger Schlaf.
* 70 Prozent sind Normalschläfer mit sieben bis neun Stunden Schlaf.
* 10 Prozent sind Langschläfer mit mehr als neun Stunden Schlaf.

22/23 Uhr:
Na dann, gute Nacht!

Wenn du ein Normalschläfer bist und etwa sieben bis neun Stunden schlummerst, heißt es jetzt ab ins Bett! Dadurch erwischst du nämlich die beste Zeit für die Tiefschlafphase etwa vier Stunden nach dem Einschlafen zwischen drei und vier Uhr nachts. Ganz wichtig ist die richtige Schlafumgebung. Also nicht auf der Couch vor dem Fernseher, sondern im bequemen Bett, am besten bei einer durchschnittlichen Raumtemperatur von 18 Grad. Wichtig auch, dass weder Computer noch andere Elektronik ins Schlafzimmer gehören. Bei TV und Stereoanlage solltest du unbedingt auf Standby verzichten, weil du sonst krank machendem Elektrosmog ausgesetzt bist. Und wenn du zu den Glücklichen gehörst, die ein eigenes Telefon besitzen, solltest du die Ladestation auf jeden Fall aus deinem Zimmer verbannen. Mediziner haben nachgewiesen, dass die Strahlung, die diese Geräte abgeben, so enorm hoch ist, dass sie für Kopfschmerzen und Migräneanfälle verantwortlich ist.

JAGD AUF ZEITDIEBE

> Super, wenn du weißt, wie deine innere Uhr tickt. Aber der ganze Bio-Rhythmus gerät schnell aus dem Takt, wenn dein persönliches Timing immer wieder gestört wird. Das gilt vor allem für die Zeit, die du zum Lernen brauchst.

So verlangen vielleicht deine Eltern, dass du dein Zimmer aufräumst, obwohl du gerade in Topform für Tangentenberechnungen wärst. Oder aber ein Freund oder eine Freundin stehen unangemeldet vor der Haustür, weil sie dir erzählen müssen, wen sie gerade beim Knutschen gesehen haben. Klar, dass dich das auch brennend interessiert! Trotzdem solltest du solche Infos so oft wie möglich nach hinten verschieben – immer nach dem Motto »Was du nicht weißt, macht dich nicht heiß«. Denn wer sich in einer High-Speed-Konzentrationsphase stören lässt, benötigt danach mindestens eine Viertelstunde, um beim Denken wieder Gas zu geben. Und wenn du Pech hast und in eine Pausenstunde rutschst, dauert es sogar noch länger! Besser: Die 15 Minuten, die du gespart hast, für das Telefonat mit deinen Freunden nach den Hausaufgaben verwenden – so hast du nach Adam Riese gar keine Zeit verloren.

Zeit für Plan A, B und C

Nächste Woche Mathe-Klassenarbeit! Übermorgen Referat in Erdkunde! In 14 Tagen die Rolle für die Theater-AG auswendig lernen! Nebenbei haben die Nachbarn noch angefragt, wann du mal wieder babysitten oder den Rasen mähen kannst. Und Oma hat auch bald Geburtstag und du wie immer kein Geschenk! Da fragst du dich spätestens in einer Sekunde des Luftholens, wieso Erwachsene immer von Stress reden? Aber keine Panik – mit dem richtigen

Zeitmanagement bekommst du deine Termine nicht nur in den Griff – für dich springt auch noch ein Plus an Freizeit raus.

Die Kunst der richtigen Planung ist in einem kleinen Organizer versteckt – völlig egal, ob du mit einem Palm die elektronische Variante bevorzugst oder doch lieber schwarz auf weiß deine Termine auf ein Blatt Papier schreibst. Hauptsache ist, du verschaffst dir überhaupt einen Überblick über das, was du alles vorhast. Dabei kannst du gleich checken, ob du einen 30-Stunden-Tag brauchst, weil deine Verpflichtungen und Spaß-Termine insgesamt zu üppig ausfallen.

Beherrschst du die Mengenlehre in puncto Vorhaben und weißt, dass du alles unter einen Hut bekommst, musst du nur noch Prioritäten setzen. Das heißt, du organisierst deinen Tag nach der Wichtigkeit der zu erledigenden Dinge. Dazu ordnest du die einzelnen Aufgaben in A-, B- oder C-Kategorien. Eine A-Aufgabe – also besonders wichtig – ist natürlich das Pauken für die Klassenarbeit am nächsten Tag. Schreibst du sie allerdings erst eine Woche später, könnte die Büffelei noch in die B-Kategorie wandern. Dann kannst du nämlich entscheiden, ob du an diesem Tag noch Lust zum Nachdenken hast oder lieber zum Inline-Skaten gehst. Omas Geburtstag gehört eher in die C-Kategorie – weil sie sich notfalls auch über ein süßes Foto oder einen selbst gebackenen Kuchen von dir freut.

AAA – Das Top-Trio für dein Timing

Ganz wichtig – niemals mehr als drei A-Aufgaben pro Woche in deinen Terminkalender eintragen – am besten immer zu Zeiten, wenn du top leistungsfähig bist. Denn A-Aufgaben sind unaufschiebbar! Du solltest sie also wirklich erledigen, damit du nicht völlig gestresst bist. Abgesehen davon verführen mehr A-Aufgaben dazu, die meist angenehmeren B- und C-Aufgaben zu verschieben.

Zeitreserven schaffen

Herzrasen, Schweißausbrüche und Zitterknie vor lauter Stress bleiben einem erspart, wenn man seinen Tag nicht komplett verplant. So sieht die perfekte Zeitrechnung aus:

✽ 60 Prozent für geplante Action: Hausaufgaben, Sport, Hobbys ...
✽ 20 Prozent für unerwartete Action: nervende Eltern oder Geschwister, Besuche, Telefonate ...
✽ 20 Prozent für spontane Action: Freunde, Kino, Shoppen, Chatten ...

Time out!
Weißt du, wie deine innere Uhr tickt?

Beantworte die folgenden Fragen mit Ja oder Nein, und schon weißt du, ob du das richtige Feeling für deine (Frei-)Zeit hast.

1 **Nervst du deine Familie damit, dass du morgens immer am längsten das Bad blockierst?**

☐ Ja ☒ Nein

2 **Vergisst du oft Termine – vom Zahnarztbesuch bis zur Geburtstagsfete?**

☐ Ja ☒ Nein

3 **Stellst du mindestens zweimal in der Woche fest, dass du schon wieder zu spät dran bist?**

☒ Ja ☐ Nein

4 Weißt du nach einem Telefonat mit deiner besten Freundin/deinem besten Freund, wie lange du gequatscht hast?

☒ Ja   ☐ Nein

5 Passiert es dir manchmal, dass du mehrere Verabredungen zur gleichen Zeit triffst?

☐ Ja   ☒ Nein

6 Schaffst du dein Lernpensum selten in der Zeit, die du dafür vorgesehen hast?

☐ Ja   ☒ Nein

ZEITDIEBE

Auflösung

Vier und mehr Ja-Antworten:
Wahrscheinlich ahnst du es schon – deine innere Uhr muss dringend richtig gestellt werden! Sie geht ziemlich nach – so oft, wie du dich verspätest oder in deinem Timing verzettelst. Woran das liegt? Ganz einfach: Du nimmst dir einfach zu viel vor, weil du es allen recht machen willst. Schön, wenn du Harmonie liebst, aber trotzdem ist es wichtig, auch mal »Nein« zu sagen. Und das gilt vor allem dann, wenn du noch die Spülmaschine ausräumen, den Müll rausbringen und dein Zimmer staubsaugen musst, obwohl deine Freunde gerade angerufen haben, weil sie sich in einer Viertelstunde vor dem Kino treffen wollen. Klar, dass du in den totalen Stress gerätst, wenn du immer alles unter einen Hut bringen willst. Dabei weißt du tief in deinem Inneren, dass das nicht funktionieren kann, denn auf zwei und mehr Hochzeiten gleichzeitig tanzen geht eben nicht. In einem solchen Fall musst du dich entscheiden, ob gerade die Harmonie mit den Eltern oder die Harmonie mit den Freunden am dringlichsten ist.
Verteil deine Zeit nicht zu einseitig!

Versuch, deine Zeit nach dem ABC-Plan einzuteilen.

Führe dazu in der ersten Zeit ein Time-Tagebuch, in dem du auch nachlesen kannst, bei welchen Aktionen du dich am häufigsten verzettelst. Garantiert hast du so in weniger als zwei Wochen ein Top-Timing drauf.

Weniger als vier Ja-Antworten
Kompliment, dein Timing funktioniert ziemlich gut. Ganz einfach deshalb, weil du deine Termine perfekt in »wichtig« und »unwichtig« sortierst. Außerdem kennst du sehr genau deine innere Uhr für deine Stärken und Schwächen. Du nutzt instinktiv die optimalen Zeiten für optimale Ergebnisse in Schule, Spaß und Sport. Dabei solltest du nur ein wenig aufpassen, dass du nicht deine ganze Zeit auf die Sekunde verplanst. Denn vor lauter Organisiertsein könntest du die kleinen Spontaneitäten verpassen, die doch eigentlich erst den richtigen Pep ins Leben bringen.

Tipp:
Versuch, jeden Tag ein wenig Luft in deinem Time-Table zu lassen, damit dich ein längeres Telefonat mit einer Freundin oder einem Freund nicht gleich aus deiner täglichen Umlaufbahn wirft. Du wirst schnell merken, dass es gerade die kleinen, ungeplanten Aktionen sind, die dir eine Portion Extra-Fun bringen und dich alle Pflichten leichter erledigen lassen.

Echt zeitraubend ...
- ✱ Du verschläfst 26,7 Jahre deines Lebens.
- ✱ Du bist 4,3 Jahre mit Essen beschäftigt.
- ✱ Du telefonierst vier Monate am Stück.
- ✱ Du hast 15,6 Jahre Spaß mit deinen Freunden.
- ✱ Du sitzt sechs Jahre lang vor dem Fernseher rum.

ZEITDIEBE

PLATZ DA!

Organisierte Ordnung

Chaos auf dem Schreibtisch, Unordnung in der Schultasche, Durcheinander im Kopf? Jetzt wird erst mal aufgeräumt, denn hier gibt's die besten Strategien, wie du um dich herum Ordnung schaffst. Das sorgt nämlich auch für den richtigen Durchblick beim Denken!

WO IST EIGENTLICH ...?

> Einer der schlimmsten Zeitdiebe ist die Sucherei. Wo war bloß die Formelsammlung, an welchen Platz hast du das Deutsch-Referat verräumt und wie sollst du das Englisch-Vokabelheft wieder finden – ja und wo ist überhaupt der Schreibtisch?
> Der Spruch »Nur ein Genie beherrscht das Chaos« trifft dabei wirklich voll zu – schließlich ist es eine geniale Meisterleistung, in Bergen von Heften, Büchern, Stiften und Mappen etwas wieder zu finden. Nur um die Minuten oder sogar Stunden ist es echt schade, die du mit der lästigen Sucherei verschwendest. Denn diese Zeit musst du von deiner Freizeit streichen! Und eine Menge Energie geht ganz nebenbei auch noch drauf.

Aufräumen ist angesagt! Echt: Wenn du einmal ein Ordnungssystem auf deinem Schreibtisch entwickelt hast und dich daran hältst, musst du nie wieder aufräumen – das geht dann praktisch von selbst.

Ganz schön ordentlich: Hier sind die Vorteile einer Aufräum-Arie auf einen Blick:

> * Du sparst Zeit, weil du die Dinge schneller findest.
> * Du kannst leichter lernen, weil du den Überblick behältst.
> * Du hast Platz für Neues auf deinem Schreibtisch.
> * Du hast einen klaren Kopf, weil sich dein Blick nicht mehr im Chaos verläuft.
> * Dein Selbstbewusstsein steigt, weil du stolz darauf sein kannst, wie du alles in den Griff bekommst.

Schritt 1: Ziel erfassen!

Zugegeben, das Schwierigste am Aufräumen ist der Anfang. Vielleicht hast du auch schon oft vor deinem Schreibtisch gesessen und dir gesagt: »Ich müsste mal wieder dringend aufräumen!« Klar, so eine Aussage ist superleicht und superschnell gemacht, sie lässt sich nämlich beliebig nach hinten verschieben! Setzt du dir aber ein konkretes Ziel und bestimmst ein genaues Timing für deinen Chaos-Beseitigungstag, gelten keine Ausreden mehr. Schau in deinen Terminplaner (siehe auch Kapitel »Tickst du richtig?«, Seite 18 ff.) und bestimme das Aufräumen zur A-Aufgabe. Dafür legst du ein Datum und einen Zeitraum fest.

Beispiel:

27.2., 15 bis 17 Uhr:
* **Schreibtischentrümpeln**
* **Müll entsorgen**
* **Themen sortieren**
* **Ablagefächer einrichten**

So präzise formuliert kannst du deine Ziele nicht nur abarbeiten, sondern ganz schnell auch abhaken – und zwar als erledigt!

Schritt 2:
Das Who is Who auf deinem Schreibtisch

Check zunächst einmal, was sich so alles auf deinem Schreibtisch angesammelt hat. Kaugummipapier, Comics, Computerzeitschriften, die verloren geglaubte Lieblings-CD und die Adresse von deinem Ferienflirt – begraben unter Tonnen von Büchern, Heften, Mappen, Infoblättern ...

Da hilft nur noch eins: einmal den Schreibtisch richtig leer fegen! Sichte dann in Ruhe den Chaos-Berg auf deinem Fußboden und finde für die verschiedenen Dinge Oberbegriffe. Diese Oberbegriffe notierst du auf DIN-A4-Blättern. Das könnte so aussehen:

Verteile die DIN-A4-Zettel großzügig in deinem Zimmer. Jetzt geht es darum, den Chaosberg abzubauen. Dazu ordnest du jedes Einzelteil den verschiedenen Oberbegriffen zu. Und weil alles, was die Schule betrifft, Chefsache ist, packst du alles, was nicht die Schule betrifft, in Schubladen oder Regale – oder in den Papierkorb. Zutritt zu deinem Schreibtisch haben ab sofort nur noch Schulhefte, Schulbücher und Schreibutensilien.

Schritt 3: Farbe bekennen

Damit du den Überblick über die Schreibtischoberfläche nicht gleich wieder verlierst, lautet die Zauberformel »Einordnen statt Stapeln«. Und das funktioniert nicht anders als bei einem Computer. Stell dir also vor, dein Schreibtisch arbeitet wie der Desktop (d)eines PCs. Du legst für die verschiedenen Themen verschiedene Ordner an. So bekommt Erdkunde einen eigenen Ordner, genauso wie Französisch, Deutsch, Mathe ...

> **Übrigens:**
> Keine Angst vor Büromief mit langweilig grauen Aktenmonstern. Es gibt witzige, bunte Schachteln, mit denen du dein Ablagesystem fröhlich-freundlich gestalten kannst. Solche Papp-Faltboxen oder Ablagefächer aus Kunststoff bekommt man zum Taschengeldpreis in jedem Möbel-Mitnahmemarkt. Und wenn es um das Thema Ordnung geht, zeigen sich Eltern auch gerne äußerst spendabel ...

Perfekt bist du, wenn du dem Ablagesystem für die verschiedenen Schulfächer auch noch unterschiedliche Farben zuordnest. Bekommt Biologie beispielsweise die Farbe Grün, sollten auch die Heftumschläge grün sein. So findest du auf einen Blick alles, was du zum Lernen für jedes beliebige Fach benötigst.

Das gilt natürlich auch für deine Schultasche, denn das Farbsystem setzt sich auch hier durch und du hast mit einem Griff das richtige Heft in der Hand.

Top Five – Fünf coole Aufräumtipps

Schön, wenn dein Schreibtisch blitzt und alles sauber verteilt ist. Weniger schön, wenn der Rest deines Zimmers im Chaos versinkt und das Erreichen deines Schreibtisches mit der Besteigung des Mount Everest zu vergleichen ist. Dann dauert es bestimmt nicht lange, bis auch die schönen, freien Flächen deines Arbeitsplatzes wieder zugemüllt sind – ganz einfach, weil du nicht weißt, wohin mit dem ganzen Krempel.

Deshalb gilt:

1 Wirf weg, was nur geht. Aufräumexperten sind sicher, dass jedes Teil, das wir besitzen, unsere Aufmerksamkeit fordert. Selbst der alte, kaputte Walkman wird dich dazu verleiten, ihn irgendwann wieder in die Hand zu nehmen – nur um zu sehen, ob du nicht doch noch was mit ihm anfangen kannst. Also lieber gleich weg damit!

Sortiere wirklich konsequent aus. Was willst du noch mit den 158 Matchbox-Autos oder den 20 Party-Barbies? Kleiner Aufräumanreiz: Verkauf die Sachen, von denen du dich trennen kannst, auf dem nächsten Flohmarkt, um dein Taschengeld aufzubessern.

2 Fällt es dir schwer, dich von Dingen zu trennen (z.B. deine über Jahre hinweg angesammelten Ü-Eier-Figuren), packst du sie in eine Kiste, die du verschließen kannst. Beschrifte die Kiste mit dem aktuellen Datum und verstaue sie im Keller. Ist der Keller nach einem Jahr überfüllt und bettelt deine Mutter um eine kleine Nische, dann gehe zurück zu Punkt **1**.

3 Dinge, die du überhaupt nicht vermisst hast und ehrlicherweise in Zukunft auch nicht vermissen wirst, kannst du entweder verkaufen, verschenken oder (wenn sie sich dazu nicht mehr eignen oder niemand sie will) wegwerfen! Vor dem Wegwerfen aber noch mal genau prüfen, ob du dich wirklich davon trennen willst.

4 Einmal am Tag – am besten vor dem Schlafengehen – schaust du dich noch einmal genau in deinem Zimmer um. Alles, was du auf die Schnelle aufräumen kannst, packst du weg. So kannst du ohne Oberchaos in den neuen Tag starten.

5 Einmal in der Woche reservierst du dir eine halbe Stunde zum Aufräumen.

ORDNUNG

ALLES EASY!

Lernstrategien für alle Fälle

Schneller, besser und vor allem effektiver lernen – kurzum in null Komma nichts den Stoff so reinpauken, dass er wirklich sitzt? Mit den richtigen Methoden ist das möglich, denn schlaue Schüler haben für jede Fächerkombination ihre eigene Strategie.

MATHE & CO.

Lerntipps für mathematisch-naturwissenschaftliche Fächer

> Verzwickte Formeln bringen dich nicht länger um den Verstand, wenn du in Fächern wie Mathe, Physik und Chemie den Raum-Trick beim Lernen anwendest. Dahinter steckt nichts anderes, als dass du den Lernstoff nicht nur stur auswendig paukst, sondern ihn auch visualisierst. Im Klartext: Du ordnest jeder Regel, jeder Zahlenkolonne oder jeder komplizierten Formel ein Bild zu. Und das ist deshalb richtig clever, weil du mit diesem »Kino im Kopf« beide Gehirnhälften aktivierst. Du speicherst den Stoff also doppelt gut!
> Und so funktioniert's:

Formeln lernen

Willst du dir beispielsweise eine physikalische Formel zum Thema Elektrizität merken, platzierst du sie bildhaft neben dem Sicherungskasten. Mathematische Regeln sind perfekt vor dem Computer im Arbeitszimmer deiner Eltern aufgehoben, und chemische Formeln findest du jederzeit in der Küche oder im Badezimmer wieder. Um den Stoff mit dem Raum-Trick wirkungsvoll zu verankern, gehst du folgendermaßen vor:

1 Schreibe den Lernstoff auf ein DIN-A4-Blatt.
2 Zeichne unter den Stoff mit wenigen Strichen das jeweilige Zimmer, dem du den Stoff zuordnest.
3 Verteile die Blätter in den jeweiligen Zimmern oder an den entsprechenden Orten.
4 Lerne die Formeln an dem dazugehörigen Ort.

Wenn du deinen Lernerfolg überprüfen willst, musst du nur noch in Gedanken durch die verschiedenen

Zimmer laufen. So findest du deine Formeln garantiert immer wieder – natürlich auch, wenn's ernst wird, also bei der nächsten Klassenarbeit oder beim kommenden Test.

Zahlen merken

Bilder helfen auch dabei, dass du dir locker ganze Zahlenkolonnen oder wichtige Daten (Geschichte) merken kannst. Kleiner Tipp: Das funktioniert nicht nur beim Lernen für die Schule, sondern auch privat, wenn du beispielsweise die Telefonnummer von deinem neuesten Flirt behalten willst.

Beispiel:
- **0 = Ei**
- **1 = Sprungturm**
- **2 = Schwan**
- **3 = Herz**
- **4 = Segel**
- **5 = dicker Mann**
- **6 = Elefantenrüssel**
- **7 = Sense**
- **8 = Achterbahn**
- **9 = Luftballon**

So klappt's:

1. Lege dir zehn Blätter zurecht und schreibe die Ziffern Null bis Neun auf je ein Blatt.
2. Schau die Ziffern genau an und überlege dir ein Symbol, das von der Gestalt her Ähnlichkeit mit der Ziffer hat.
3. Male die Symbole neben die Ziffern.

Wichtig!

Die Symbole solltest du so wählen, dass du Zahl und Zeichnung auf jeden Fall miteinander in Verbindung bringst.

Musst du dir eine Zahlenkolonne beispielsweise innerhalb einer Formel merken oder geht es um ein wichtiges historisches Datum, visualisierst du den Stoff, indem du dir mit deinen Symbolen eine witzige Story zu der entsprechenden Zahl ausdenkst.

Beispiel: Du sollst dir merken, wann die Mauer zwischen Ost- und Westdeutschland gefallen ist. Die gesuchte Jahreszahl lautet 1989. Die Story dazu könnte so aussehen: Vom Sprungturm hüpft ein Luftballon auf die Achterbahn, obwohl das für Luftballons verboten ist.

Unsinn macht Sinn

Je unsinniger die Geschichte ist, desto besser bleibt sie in deinem Kopf – ganz einfach deshalb, weil wir uns alles Ungewöhnliche und Besondere leichter merken können. Alltägliches wandert nämlich schnell in die Abteilung Langeweile und wird somit schlichtweg vergessen!

VOKABELN & CO.
Lerntipps für Fremdsprachen und Deutsch

> Neue Begriffe büffeln, Grammatik pauken, Zusammenhänge begreifen, Geschichten analysieren – hier findest du jede Menge Tipps zum Hochleistungslernen – ohne Gefahr schlapp zu machen. Das Wichtigste dabei: Leichter lernen funktioniert, wenn du möglichst viele Sinne einsetzt. Deshalb darfst du munter sämtliche Memo-Methoden mixen oder gleich miteinander anwenden. Dein Gedächtnis liebt nämlich Abwechslung, die du ihm mithilfe der folgenden, modernen Eselsbrücken lieferst.

Vokabeln büffeln

Bilder eignen sich bestens, um neue Wörter in Englisch, Französisch oder Latein zu behalten.

1. Schreibe die zu lernenden Wörter auf kleine Klebezettel (post-it) und pappe sie an die entsprechenden Gegenstände in eurer Wohnung. Willst du also das Wort Kühlschrank auf Französisch behalten, schreibst du »réfrigerateur« auf einen Zettel und klebst ihn an den Kühlschrank. So lernst du die Vokabeln »im Vorbeigehen« – nämlich jedes Mal, wenn du durch die Wohnung läufst.
2. Kombiniere diese Memo-Methode mit dem Karteikasten-System. Dazu schreibst du sämtliche Begriffe, die sich nicht in eurer Wohnung befinden (von Achterbahn bis Zeltlager) auf ein Karteikärtchen und zeichnest das entsprechende Bild dazu.

Wenn du dir nicht so viel Mühe machen willst, kannst du die Vokabeln auch mit Hilfe von Bilder-

Tipp:
Wenn du kleinere Geschwister hast: Schnapp dir doch die ersten und nicht mehr benötigten Bilderbücher von deiner Schwester/deinem Bruder und schreibe die dazugehörigen Vokabeln unter die Bilder.

Wörterbüchern lernen, die es in vielen Sprachen im Buchhandel gibt.

Ein spannendes Spiel machst du aus deinem Lernpensum, wenn du Rätsel löst. Besorge dir dazu englische oder französische Zeitschriften und nimm dir die Kreuzworträtsel vor. Lass dich nicht frusten, wenn du am Anfang häufig im Wörterbuch nachsehen musst, denn deinen Wortschatz peppst du schon nach wenigen Rätseln superschnell auf.

Film ab!

Richtig leicht fällt das Lernen einer Fremdsprache, wenn du Entertainment in dein Erfolgskonzept einarbeitest. Das bedeutet nichts anderes, als dass du dir beispielsweise Filme in der Originalfassung ansiehst. So bekommst du schnell das richtige Feeling für die Fremdsprache, weil du zu deinem Verstand und deinem Sehsinn noch dein Gehör aktivierst.

Unsynchronisierte Filme bekommt man in der Videothek. Check aber auch den Kinoplan für deine Stadt. Viele Filmtheater bieten Streifen in der Originalsprache als Matinée-Vorstellung beispielsweise sonntagvormittags an. Perfekt, wenn du den Film schon einmal auf Deutsch gesehen hast. So kennst du den Inhalt und kannst dich voll auf die Sprache konzentrieren.

> **Tipp:**
> Ein cooler Tipp von Auswanderern, die in ihrem neuen Land sehr schnell eine Fremdsprache lernen müssen: Werbung schauen! Das Prinzip von Reklame basiert auf einer ganz einfachen Verständnisformel: Foto oder Film vom Produkt = Bezeichnung + Name vom Produkt. Witzige Werbung in Englisch, Französisch, Italienisch oder Spanisch bekommst du mit der so genannten Cannes-Rolle. Das ist ein Film, auf dem preisgekrönte Werbespots aus aller Welt gesammelt und zu den jährlichen Filmfestspielen im französischen Cannes dem Publikum präsentiert werden. Die Cannes-Rolle läuft entweder aktuell im Kino oder sie ist als (Leih-)Video erhältlich.

Ohren auf!

Lernen funktioniert auch mit Vokabelkassetten oder Hörspielen. Dabei werden einzelne Wörter oder Sätze in Deutsch und dann in der Fremdsprache vorgelesen. Die dazwischen liegenden Pausen nutzt du, indem du die Wörter und Sätze nachsprichst.

Wenn dir das zu langweilig ist, probier's doch mal mit Hörbüchern. Hier werden Romane auf CD gesprochen, die du dir ganz bequem auf der Couch vorlesen lässt. Kauf dir ein spannendes Hörbuch in Deutsch und passend dazu das Hörbuch in der entsprechenden Fremdsprache. Lausch den Texten kapitelweise in Deutsch und anschließend in der Fremdsprache. Wie wär's also mal mit Harry Potter auf Deutsch und im Original?

Mit Postern powern

Musst du Vokabeln zu einem ganz bestimmten Bereich wie beispielsweise Reisen oder Einkaufen lernen, darfst du beim Pauken eine richtige Szene machen. Dazu brauchst du ein Zeichenblockblatt (DIN-A3), Filzstifte, Kleber und eine Schere. Schneide

aus Zeitschriften entsprechende Szenen aus oder male sie auf und notiere darunter die dazu passenden Sätze.

Noch witziger wird das Ganze, wenn du dir zu dem Lernbereich einen Comicstrip ausdenkst. Dazu zeichnest du die entsprechenden Szenen und malst zusätzlich Sprechblasen, in die du die Dialoge einbaust.

Geschichten erfinden
Was für Zahlen und Daten gilt, funktioniert auch mit Vokabeln. Bau die Begriffe, die du lernen sollst, in eine freche Geschichte ein und erzähl sie deinen Freunden oder deinen Eltern. So trainierst du gleichzeitig Sinn und Aussprache der Wörter.

Reimen: Ganz schick für die Grammatik
Ob in Deutsch oder in einer Fremdsprache – geht es um die lästige Grammatik, kann man sich die Regeln ganz leicht zusammenreimen. Und das im wahrsten Sinne des Wortes, denn mit kleinen Versen baust du dir im Handumdrehen Eselsbrücken, die deinem Gedächtnis auf die Sprünge helfen.

Kannst du dir beispielsweise nicht merken, wann im Englischen der Apostroph vor oder nach dem »s« gesetzt wird, könntest du dir folgenden Reim darauf machen: Gehört etwas nur einem allein, muss vor dem »s« ein Häkchen sein (Beispiel: my father's car). Gehört etwas zweien, dreien oder vieren, muss das »s« ein Häkchen von hinten zieren (Beispiel: my parents' car).

Kleiner Tipp:

Falls dir Verse zu langweilig sind, kannst du komplizierte Regeln ja einmal in einen Rap-Song packen.

GESCHICHTE & CO.

Lerntipps für »Wissens«-Fächer

> Geschichte, Religion, Erdkunde – es gibt einfach diese Fächer, in denen dein Gedächtnis besonders gefordert ist, und zwar weil es in erster Linie nicht darum geht, logisches Verständnis zu fordern. Gefragt ist vielmehr reines Wissen – von Jahreszahlen über die geografische Lage bestimmter Länder bis hin zu Bibelzitaten. Das kann manchmal ganz schön langweilig sein, denn wann Napoleon einen roten Apfel gegessen hat und welche Koordinaten Timbuktu auf den Längen- und Breitengraden hat, ist vielen Schülern schlichtweg egal! Abgesehen von der Aufwertung deiner Allgemeinbildung sind solche Fächer allerdings bestens geeignet, deinem Gedächtnis auf die Sprünge zu helfen.

Kreative Kritzeleien

Die meisten Schüler haben gelernt, sich in den Wissensfächern Notizen zu machen. Wer beim Mitschreiben allerdings auf die falschen Infos setzt, hat schon verloren. Das passiert vor allem, wenn du versuchst, ganze Sätze mitzuschreiben. Weil dazu die Zeit meistens nicht ausreicht – der Lehrer ist schon am Ende, während du noch nicht einmal den Mittelteil aufgeschrieben hast –, wandern schnell die falschen Fakten ins Heft. Das Ergebnis: Im Seitenfüllen hättest du zwar eine Eins verdient, aber die Infos purzeln zusammenhanglos und ohne Sinn auf dem Papier herum. Willst du den Stoff später aufbereiten, kapierst du die Kritzeleien vermutlich gar nicht mehr!

Kreatives Kopftraining heißt die Lösung für das Lernproblem. Und das funktioniert mit so genannten Mind Maps, was so viel wie »Erinnerungsplan« be-

deutet. Dabei geht es um die beste Methode, schnell und effektiv Gedanken und Informationen gut strukturiert aufzuschreiben.

Brainstorming genauso wie Büffeln wird dazu bildhaft auf eine Art Baum gepackt. An die Äste kommen nach Wichtigkeit sortiert nur Schlüsselwörter. Soll die Mind Map erweitert werden, ist auch das ganz leicht: Du fügst einfach einen Ast an der entsprechenden Stelle hinzu.

Mit Mind Maps machst du dich und dein Gehirn garantiert glücklich, denn diese Baumbilder kommen der menschlichen Denkweise sehr entgegen. Unser Gedächtnis speichert nämlich am liebsten Zusammenhänge. So denkst du bei dem Begriff Mountainbike leicht an Berge, bei Disco an Samstagabend und bei Basektball an die NBA, die amerikanische Basketball-Liga. Nach diesem Prinzip kannst du mithilfe der Schlüsselwörter in Mind Maps ganz schnell Zusammenhänge erstellen. Die Äste drücken dabei die Beziehungen aus. So fix funktioniert das bei Notizen im Normalformat nicht, denn ein ganzer Satz braucht immer den vorhergehenden und den nachfolgenden Satz, um eine Beziehung aufzuzeigen.

Praktisch auch, dass du beim Zeichnen deiner Mind Map automatisch beide Gehirnhälften einsetzt, denn durch die bildhafte Darstellung visualisierst du den Lernstoff für die rechte Gehirnhälfte, die sprachlichen Elemente fordern hingegen unseren logischen Verstand in der linken Denkabteilung.

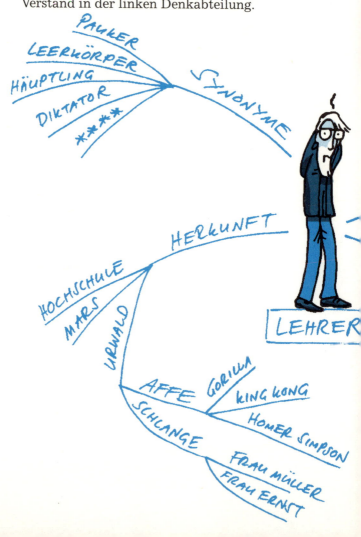

Die Vorteile von Mind Maps:
1. Du kannst dich besser erinnern – selbst dann noch, wenn Ferien zwischen den einzelnen Stunden liegen!
2. Dein Timing läuft turboschnell, denn du brauchst nur noch wenig Zeit für deine Notizen.
3. Du erfasst auf deinem Mind-Map-Baum das Wesentliche auf einen Blick. So fällt es dir leichter, neue Ideen zu dem entsprechenden Thema zu entwickeln.
4. Du beherrschst die Informationsflut, ohne darin baden zu gehen.

GESCHICHTE & CO.

MERKMALE
- NULL HUMOR
- BRILLE AUF
- ARME ZUM FUCHTELN
- NULL TRENDBEWUSSTSEIN
- ALDI-SLIPPER
- NO-NAME-HEMD

AUFGABEN
- NOTEN GEBEN
- LOBEN
- BILDEN

So malst du eine Mind Map

... wenn du dir im Unterricht Notizen machst

1 Schreibe in die Mitte eines DIN-A4-Blattes das Thema, um das es in der Stunde geht, beispielsweise die Evolution in der Biologie. Diesen Oberbegriff kannst du einkringeln, um ihn noch deutlicher hervorzuheben.

2 Zeichne rechts und links von dem Oberbegriff aus mehrere dicke Hauptäste.

3 Beschrifte die Äste beim Zuhören mit den Schlüsselwörtern. So könnten folgende Begriffe deine Evolutions-Mind-Map füllen:
* Entwicklung des Menschen
* Affen
* Neandertaler

4 Zu diesen Schlüsselwort-Ästen malst du jeweils Zweige, mit denen du weitere Beziehungen herstellst. Beispielsweise kommt zum Hauptast »Entwicklung des Menschen« der Zweig »Leben im Meer«. Am Hauptast »Affen« könnten Zweige mit Infos über die Unterschiede zwischen Affen und Menschen »wachsen«. Und zum Begriff »Neandertaler« passt eine zeitliche Einordnung genauso wie die Lebensweise.

... wenn du ein Referat halten sollst

1 Schreibe in die Mitte eines DIN-A4-Blattes das Thema.

2 Zeichne rechts und links von dem Oberbegriff aus mehrere dicke Hauptäste.

3 Schreibe alle Schlüsselwörter auf, die dir zu deinem Thema einfallen. Reichen die Äste nicht aus, zeichnest du einfach welche dazu. Fallen dir zu einem Schlüsselwort Begriffe ein, zeichnest du an den entsprechenden Ast des Schlüsselwortes neue Zweige, um die Beziehung herzustellen.

4 Ergänze deine Schlüsselwörter mit Symbolen und Bildchen, um sie noch besser zu visualisieren.

5 Sortiere deine Schlüsselbegriffe, indem du eine neue Mind Map erstellst.

6 Durch deine erste Mind Map hast du einen guten Überblick über das Thema gewonnen. Jetzt strukturierst du deine Gedanken, indem du für die Schlüsselbegriffe Oberbegriffe wählst, die in der zweiten Mind Map die Hauptäste füllen. Als Oberbegriffe eignen sich beispielsweise »Probleme«, »Ziele« und »Lösungen«.

7 Sortiere die Begriffe der ersten Mind Map als Zweige in die zweite Mind Map.

Wichtig beim Mind Mapping:

* Die Äste sollten immer untereinander verbunden sein.
* Auf einem Ast sollten nicht mehr als zwei Schlüsselwörter stehen.
* Verwende nur Substantive (Hauptwörter), Adjektive (Eigenschaftswörter) oder Verben (Tätigkeitswörter).
* Schreibe möglichst in Großbuchstaben, um später den Inhalt auf einen Blick zu erfassen.

LESEN, LERNEN, PRÜFEN

> Bevor du dir den Kopf darüber zerbrichst, wie du deinem Gehirn 20 Seiten Geschichte oder 10 Seiten »Wie funktioniert der menschliche Körper« schmackhaft machen kannst, solltest du dir über deine Lesegewohnheiten Gedanken machen. Denn eigentlich eignen sich nur Romane, um von der ersten bis zur letzten Seite intensiv gelesen zu werden.

Quer lesen

Geht es darum, Wissen aufzunehmen, darfst du die Seiten ruhig überfliegen. Mit der richtigen Lesetechnik bekommst du den Inhalt trotzdem komplett mit. Dabei nutzt du deinen ganz persönlichen Wahrnehmungsfilter, mit dem du dir genau die Informationen aus dem Text herausziehst, die dich interessieren bzw. die neu sind. Das funktioniert beim Lernen genauso wie im »richtigen Leben«. Achte mal darauf, wenn du dir etwas dringend wünschst, z.B. ein neues Kickboard. Bestimmt siehst du dann überall Kickboards – ganz einfach, weil dein Wahrnehmungsfilter aus der täglichen Flut von Reizen genau das herauspickt, was dich gerade interessiert.

Und so funktioniert die Filtertechnik beim Lesen:

1 Setze dir ein Leseziel – vielleicht heißt das Thema im Geschichtsunterricht »Kaiser Wilhelm«. Du willst aber nur noch wissen, wie er gelebt hat, denn Jahreszahlen und wichtige Eckdaten hast du bereits intus.

2 Starte deine Lektüre jetzt, ohne dass du jedes Wort einzeln liest. Erfasse immer ganze Wortgruppen und »springe« so durch den Text. Deine Wahrnehmungsfilter sorgen dafür, dass nur die für dich wichtigen Infos hängen bleiben. So gehst du auch auf Nummer Sicher, dass du dein Gehirn nicht mit überflüssigen Infos überfütterst.

Kleine Übung, mit der du lernen kannst, über die Texte zu fliegen und Wortgruppen zu erfassen:

* **Unterteile die Buchseite mit vier Längsstrichen. Dein Auge wird automatisch die Wörter zusammen erfassen, die sich zwischen zwei Linien befinden.**
* **Trainiere dein Auge, indem du die Buchseite dann mit drei und zum Schluss nur noch mit zwei Längsstrichen unterteilst. Haben sich dein Auge und auch dein Gehirn an diese Lesetechnik gewöhnt, benötigst du zum Schluss gar keine Striche mehr.**

Tipp für alle, die es besonders eilig haben: Lies zunächst nur den ersten und letzten Absatz eines Kapitels. Oft erfährst du am Anfang in einer kurzen Zusammenfassung, worum es geht.
Und am Ende kannst du die Schlussfolgerung samt Problemlösung lesen. Manchmal reichen diese kompakten Infos schon, um dich an dein Leseziel zu bringen.

Zum Diktat, bitte!

Stoffmoderation heißt ein weiterer Trick von Lernprofis. Dazu liest du dir zunächst genau durch (Lesemethode s.o.), was alles in dein Hirn wandern soll. Über den Lerninhalt hältst du ein kleines Referat, das du mit dem Kassettenrekorder aufnimmst. Wenn du die Kassette abspielst, kannst du genau hören, an welchen Stellen es noch hakt, bei welchen Themen du ins Stocken kommst und natürlich, wo der Stoff schon richtig gut sitzt.

Tipp:

Mach's wie ein Manager und lauf möglichst im Zimmer herum, wenn du dem Band deinen Text diktierst. Bewegung entspannt nämlich und hilft, dass man sich besser konzentrieren kann.

Auf dem Prüfstand

Nur wer Fragen stellen kann, hat den Stoff auch verstanden. Nach diesem Prinzip kannst du ganz schnell überprüfen, ob du wirklich kapiert hast, was auf deinem Lernplan stand. Bastle dir zu dem entsprechenden Stoff also zehn Fragen zusammen, die du dir selbst beantworten musst. Dabei trickst du dein Unterbewusstsein aus, denn du wirst automatisch Fragen zu den Gebieten wählen, die dir noch ein wenig schwer fallen.

PAUKEN WIE IM PARADIES

Tipps für deine Lernumgebung

> Wenn schon Büffeln angesagt ist, dann wenigstens möglichst bequem! Stimmt genau, denn wenn du dich beim Lernen wohl fühlst, bist du länger topfit, brauchst aber weniger Zeit. Das heißt, dass du bei deinem persönlichen Lernlimit schneller vorankommst, weil du mehr Stoff aufnehmen kannst.

Tief durchatmen!

Dabei ist der wichtigste Stoff immer noch der Sauerstoff. Damit du klar im Kopf bleibst, benötigst du viel frische Luft! Das kurbelt den Kreislauf an, die gute Durchblutung hält die grauen Zellen auf Trab. Den besten Durchblick beim Lernen hast du am geöffneten Fenster. Cool bleibst du aber auch, wenn du beispielsweise im Winter stündlich für nur fünf Minuten kräftig lüftest.

Highlights für Höchstleistungen

Neben viel frischer Luft sorgt auch die richtige Helligkeit dafür, dass dir beim Lernen möglichst schnell ein Licht aufgeht. Topfit für alle Themen ist man am Tag, weil Sonnenlicht den Körper als natürlicher Energielieferant mit einer Extraportion Power versorgt. Nachteulen sollten beim Lernen auf hochwertige Lampen achten. Regel: Schön hell, aber nicht grell.

Bitte nicht stören!

Ganz wichtig für konzentriertes und schnelles Lernen: Lass dich nicht ablenken! Selbst wenn deine beste Freundin oder dein bester Kumpel am Telefon Amok läuft, weil die Schule brennt oder etwas anderes furchtbar Wichtiges passiert ist – beim Büffeln haben Störer keine Chance. Deshalb solltest du Eltern und Geschwister bitten, dass sie dir alle Anrufe ausrichten und den Anrufern versprechen, dass du ganz fix zurückrufst. Mit jeder Störung benötigst du nämlich etwa 15 Minuten, um deine Leistungsfähigkeit wieder aufzubauen. Macht bei vier »lebenswichtigen« Anrufen schon eine ganze Stunde, die du länger am Schreibtisch sitzen musst.

LERNUMGEBUNG

Sinnvoll lernen

Meckern deine Eltern ständig, weil du beim Lernen deine Lieblings-CD hörst? Hier bekommst du endlich die richtigen Argumente, um sie zu überzeugen.

Wissenschaftler haben nämlich herausgefunden, dass Musik die Konzentration und Aufnahmefähigkeit fördert. Perfekt zum Pauken sind Songs mit einem Takt von 56 bis 64 Schlägen in der Minute. Dieser Rhythmus relaxed am besten, weil er dem menschlichen Herzschlag entspricht. Du musst deinen Eltern ja nicht gleich verraten, dass das vor allem auf klassische Stücke von Bach, Vivaldi oder Mozart zutrifft. Wetten, dass du auch zu Songs von Britney Spears, den Backstreet Boys oder Bono besser büffeln kannst?

Auch Düfte sorgen dafür, dass deine Lehrer dich richtig gut riechen können. Dabei geht es nicht um das neueste Designerparfum, sondern um ätherische Öle, die alles andere als benebeln. Als wichtige Energielieferanten gelten Bergamotte, Zitrone und Lemongras. Öle und dazu passende Duftlampen bekommst du z.B. in Drogeriemärkten und Geschenkeshops.

> Und so funktioniert die Duftlampe:
>
> * **Den Wasserbehälter mit etwa 200 ml Wasser auffüllen.**
> * **Maximal sieben Tropfen Öl in den Wasserbehälter geben.**
> * **Wasser-Öl-Gemisch niemals heiß werden lassen. Das Öl muss verdunsten, es darf nicht verdampfen. Deshalb sollte ein Teelicht die Duftlampe erwärmen, denn darauf ist die Flüssigkeitsmenge genau abgestimmt.**
> * **Wasser nie mit Öl nachfüllen – auch wenn du nach etwa zehn Minuten glaubst, der Duft würde nachlassen. Eine zu hohe Ölkonzentration kann zu Kopfschmerzen, Schwindel und Unwohlsein führen.**

Mach mal Pause!

Das hört sich doch gut an: Genauso wichtig wie das Lernen sind die Pausen! Ganz einfach weil unser Gehirn regelmäßige Auszeiten benötigt, um den Speicher aufzutanken. Als Faustregel gilt: Auf fünf Minuten höchste Konzentration sollte eine Minute Nichtstun folgen. So ein Relax-Quickie funktioniert am besten, wenn du aus dem offenen Fenster siehst oder die Augen schließt und von etwas Schönem träumst.

Ist dein Konzentrationslevel nicht am Limit, weil du beispielsweise Routinejobs wie deine Hausaufgaben erledigst oder dich für die nächste Klassenarbeit warm läufst, bleibt das Gehirn für etwa 20 Minuten am Ball. Darauf sollte eine Nullnummer mit etwa fünf Minuten Länge folgen.

Time out ist nach 90 Minuten Büffeln angesagt! Danach hast du nämlich sprichwörtlich ein Brett vor dem Kopf – alles, was du noch zusätzlich aufnehmen willst, wird von deinem Gedächtnis abgelehnt.

Wenn du unbedingt länger am Schreibtisch sitzen musst, solltest du auf jeden Fall eine Pause von mindestens 20 Minuten einlegen. Die Zeit nutzt du am besten für einen kleinen Energiesnack. Du kannst dich sogar richtig schlau schlemmen, wenn du auf die Fitnessformel DHA 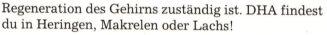 (Docosahexaen-Säure) achtest.

Dahinter steckt eine ungesättigte Fettsäure, die als zentraler Baustein unserer Körperzellen auch für die Regeneration des Gehirns zuständig ist. DHA findest du in Heringen, Makrelen oder Lachs!

Mit einer Extraportion Kohlehydrate bleibst du ebenfalls klar im Kopf: Bananen sind deshalb ein geeigneter Snack für schnelle Power. Sie liefern zusätzlich Kalium, das für gute Laune und ein entspanntes Körpergefühl wichtig ist.

LERNUMGEBUNG

Weitere Food-Fitmacher

* **Haferflocken:** wirken anregend und helfen bei Konzentrationsstörungen.
* **Kopfsalat:** beruhigt, wirkt harmonisch und sorgt für gute Laune.
* **Pfefferminz-Kaugummi:** entspannt den Körper, regt das Gehirn an.
* **Vanille:** gilt als natürliches »Hallo Wach«. Lecker zum Lernen: eine Kugel Vanilleeis.
* **Zitrusfrüchte:** Kiwi und Multi machen mit geballten Vitaminen ganz fix wieder frisch.

SUPER NET(T)

Richtig auf Draht bist du, wenn du beim Pauken den PC nutzt. Im Internet gibt es inzwischen eine Fülle von Online-Helfern, die dich bei Hausaufgaben, Referaten und der Vorbereitung auf Klassenarbeiten unterstützen. Hier findest du die hippsten Homepages, die mehr als einen Klick wert sind. Wenn du dich im WWW selber auf die Suche nach guten Sites machen möchtest, gibst du bei Suchmaschinen wie Lycos oder Yahoo einfach nur das Stichwort »Hausaufgaben« ein.

www.spickzettel.de

Von Daily (Schul-)News über Tipps und Trends bis hin zu Referaten bietet das E-Mag einen tollen Service rund um die Themen Schule und Lernen. Dabei gibt's nicht nur eine Liste von über 1000 Nachhilfelehrern aus dem ganzen Bundesgebiet. Im Nachhilfeforum kannst du auch gleich deine Fragen loswerden, bei denen du nicht weiterkommst. Praktisch ist das riesige Referatearchiv, in dem du zu beinahe jedem Thema fündig wirst. Allerdings empfehlen die Spickzettelmacher, Referate nicht einfach auszudrucken und genauso zu übernehmen. Ganz einfach deshalb, weil auch viele clevere Lehrer den Spickzettel inzwischen ansurfen.
Natürlich gibt's auch eine Community – im Chat kannst du dich mit anderen Lerngestressten treffen und online zur Entspannung abhängen.

www.school-scout.de

Hilfe für Schüler beim Erstellen von Referaten, Hausaufgaben, bei der Vorbereitung auf Klassenarbeiten und Klausuren bis hin zum Abitur. Die Mitarbeiter von School-Scout sind 16 Stunden täglich per Mail erreichbar. Außerdem bietet der Service eine tägliche (auch sonntags!) Telefon-Hotline von 12 bis 19 Uhr. Die schnelle Hilfe ist prima, doch teilweise kostenpflichtig. Für Textmaterialien musst du bezahlen.

www.spickzettel.ch

Schweizer Ableger des E-Mags mit witzigen Tipps für Ausreden, wenn du zu spät kommst, Mail-Funktion, um deine Spickzettelidee zu schicken, Referatesammlung und Suchmöglichkeit nach Schul-Homepages in der ganzen Schweiz.

www.schuelerweb.de

Auf der Suche nach Lerninfos bist du hier genau richtig. Schuelerweb bietet alles, was du für Referate, Hausaufgaben, Klassenarbeiten und Klausuren benötigst. Dabei ist Schuelerweb natürlich auf deine Mitarbeit angewiesen – wenn du Referate gehalten hast, kannst du sie zur Veröffentlichung anmelden. Der Newsletter informiert zusätzlich über alles Wichtige oder Witzige aus der Schülerwelt. Super Service: Für Schüler, die kurz vor dem Abschluss stehen, gibt's jede Menge Infos zu allen gängigen Ausbildungsberufen plus einer Jobbörse, bei der du gleich die richtigen Ansprechpartner für deine Bewerbung findest.

www.hausaufgaben-forum.de

Vielseitiges Forum mit verschiedenen Themengebieten. So kannst du in der Community Hausaufgaben austauschen und Probleme besprechen. Im Nachhilfeforum findest du Helfer, die dir zu Hause beim Büffeln auf die Sprünge helfen. Du kannst dich hier natürlich auch selbst als Nachhilfelehrer anbieten. Das Referateforum beinhaltet eine fleißige Suchmaschine, die in den größten Datenbanken Deutschlands jedes Referat zu jedem Thema aufstöbert. Und damit die Surf-Tour durchs Hausaufgabenforum nicht allzu lernlastig ist, gibt's neben witzigen Spicktipps auch Flirt-Nachhilfe. Gelungen sind die E-Cards, die du selbst an deinen Lehrer verschicken kannst. Dabei solltest du den Gruß »Ich mach blau« vielleicht nicht gerade wählen.

Übrigens: Wenn du dein Thema im Hausaufgabenforum nicht gefunden hast, klick dich durch die Link-Collection. Hier wurden tolle www-Adressen zu jedem Fach gesammelt.

www.HomeWorx.net

Wenn du auf der Suche nach Hausaufgaben, Ausreden oder einfach nur nach Unterhaltung bist, wirst du HomeWorx lieben. Egal, ob du recherchieren willst oder Hilfe von kompetenten Lehrern benötigst – alles ist völlig kostenlos. Die Download-Funktion beamt dir dein Thema im Handumdrehen auf die Festplatte. Tipp für Hobby-Poeten: Auf der Lyrikseite kannst du deine eigenen Gedichte veröffentlichen und vielleicht auch mal Schulfrust in Versform verewigen.

www.hausaufgaben.net

Hier findest du ein Online-Lösungsbuch für Hausaufgaben und Referate in allen Schulfächern. Dabei sind die Themen sehr übersichtlich zunächst nach Schulfächern sortiert. Du kannst aber auch direkt mit der Suchfunktion zu deinem Thema surfen. Lass dich nicht durch das etwas langweilige Layout irritieren, denn das entpuppt sich auf den zweiten Blick als äußerst clever. Im hausaufgaben.net findest du nämlich keinerlei Schnickschnack, der dich von deinem eigentlichen Anliegen abhalten könnte. Empfehlenswert also für alle, die wirklich nur ganz schnell ihren Lernstoff durchziehen wollen.

www.loesungsbuch.de

Online-Auftritt für clevere Schüler, die nicht einfach nur abschreiben, sondern Referate und Aufsätze noch besser machen wollen. Zusätzlich zu bereits erstellten Texten liefert das Internet-Lösungsbuch zu jedem Thema extra die passenden Links, Software, Bücher und sogar TV-Tipps. Wenn du fündig geworden bist, kannst du den Link z.B. über den SMS-Service kostenlos deinen Freunden aufs Handy schicken.

www.coktel.de/addystipps/tipp22.html

Der virtuelle Schlaumeier Addy steht eigentlich für schlaue Lern-Software. Der nette Kerl gibt allerdings auch online prima Tipps, wie du leichter lernen kannst. Addys Themen reichen dabei von »Auswendig lernen leicht gemacht« über »Diktat leicht gemacht« bis hin zu sportlichen Tipps, wie du etwa eine Mannschaft ganz clever zusammenstellst. Zusätzlich gibt's Übungen und Kreativspiele genauso wie Ideen, wie du deine Ferien verbringen kannst.

DU KANNST DAS!

Schluss mit Prüfungsstress!

Flatterknie, flauer Magen, feuchte Hände und du bist <u>nicht</u> verliebt? Dann spricht diese Symptomatik dafür, dass eine unangenehme Klassenarbeit oder ein fieser Test bevorsteht. Umso wichtiger ist ein ultimativer Vorbereitungs-Guide. So lernst du effektiv für die Stunde Null, ohne dabei Energie zu verschwenden.

TOP VORBEREITET

> Damit der Stoff zur richtigen Zeit an der richtigen Stelle sitzt, darfst du dein Gehirn nicht überfüttern. Der Kopf verhält sich nämlich genau wie der Magen: Isst du zu viel, bekommst du Verdauungsprobleme. Überforderst du deinen Denkapparat, nimmt er dir das genauso übel. Kleine Lernhäppchen sind also angesagt! Und je mehr Zeit du für die Vorbereitung auf die Klassenarbeit hast, desto kleiner dürfen die Lernhäppchen werden, die du deinem Gehirn servierst.
> *Erfolgsfaktor Nummer 1:* Mini-Memo-Portionen lassen sich viel leichter wiederholen!
> *Erfolgsfaktor Nummer 2:* Kleine Lernportionen motivieren dich, weiter zu machen. Ganz einfach, weil du schneller sagen kannst: »Ich kann das!«

Und so kann die Vorbereitung auf die Klassenarbeit aussehen:

1. Erstelle eine Stoffsammlung. Dafür sichtest du das komplette Unterrichtsmaterial wie Fotokopien, Hausaufgaben und Mind Maps (siehe Kapitel »Alles easy«, Seite 46 ff.).
2. Entscheide, welches Material wirklich wichtig für die Klassenarbeit ist. Für den Rest gilt: Weg damit! Hauptsache aus deinen Augen, damit du dich nicht von unwesentlichen Infos irritieren lässt.
3. Bastle dir aus einem DIN-A3-großen Stück Fotokarton oder Pappe (gibt's im Bastelladen in vielen knalligen Farben) ein Plakat.
4. Schreibe mit dickem Filzstift eine Übersicht aus deinen Lernzielen auf das Plakat. Für die Englischprüfung könnte das heißen: »Vokabeln lernen«, »Grammatik: Zeiten büffeln« und alles über »Shopping – Wie gehen Engländer einkaufen und was essen sie am liebsten«.

5 Notier unter deinen Lernzielen die Zeit, die du zum Lernen aufbringen willst, z.B. an jedem 3. Tag 15 Minuten Vokabeln lernen. Wichtig für dein Timing: Am Tag vor der Klassenarbeit solltest du mit allen Themen durch sein, damit du sie jetzt nur noch einmal wiederholen musst.

6 Befestige das Plakat über deinem Schreibtisch, damit du immer den Überblick behältst.

Quick-Tipp für Faule

Pssst, aber Spickzettel eignen sich wirklich hervorragend als Vorbereitung auf eine Klassenarbeit oder einen Test. Das geben selbst Lehrer zu – natürlich nicht gerade vor ihren Schülern! Ein perfekter Mogelzettel enthält nämlich automatisch eine ausgezeichnete Stoffsammlung. Vor allem beschäftigst du dich dabei mit den Themen, die noch nicht so richtig sitzen. Und alles andere lernst du beim Spickzettelschreiben beinahe »aus Versehen« mit. Spick-Profis wissen: Ist der Mogelzettel gelungen, muss er in den meisten Fällen gar nicht benutzt werden. Trotzdem findest du hier – natürlich nur für den Notfall – ein paar freche Ideen für coole Spicker, die garantiert nicht auffallen.

GUT GEMOGELT IST HALB GEWONNEN!

Die Top-Ten der besten Mogelzettel:

1. **Hot:** Löse das Etikett einer Wasserflasche mit heißem Dampf vorsichtig von der Flasche ab. Dann scannst du das Papier in deinen Computer ein und veränderst den Text beliebig mit deinen »Lernhilfen«. Etikett ausdrucken und wieder auf die Flasche kleben, die du mit in den Unterricht nimmst.

2. **Frech:** Formeln oder Vokabeln einfach kräftig an die Tafel schreiben und dann vorsichtig wegwischen. Kein Lehrer achtet darauf, was da noch verschmiert an der Tafel steht!

3. **Lecker:** Esspapier beschriften und einfach aufessen, falls der Lehrer Verdacht schöpfen sollte. Funktioniert auch mit einem grünen Apfel, den du unauffällig mit Bleistift beschriften kannst.

4. **Haarig:** Super, wenn du eine richtig lange Mähne hast! Eine 120er-Kassette mit allen wichtigen Infos besprechen. Mini-Ohrhörer unter den Haaren verstecken, Kabel unter der Kleidung verbergen. Das Tape selber findet in einer lockeren Jacke mit Tasche Platz. Vorher solltest du aber unbedingt üben, wie du einhändig und unauffällig zurückspulst, ein- und ausschaltest.

5. **Durchblick:** Schreib alle Formeln und Informationen mit Tintenkiller unsichtbar auf die Tischplatte. Wenn du schräg darauf schaust, kannst du das Geschriebene leicht erkennen. Vorteil: Tintenkiller trocknet nicht auf glatten Flächen. Hat der Lehrer einen Verdacht, ist mit einem Wisch alles weg.

6. **Cool:** Organisier dir einen Werbekugelschreiber mit Sichtfenster, dessen Inhalt sich bei jedem Klick dreht. Spicker entsprechend verkleinern

und statt der Werbe-Botschaft in das Sichtfenster legen.

7. **For Girls only:** Minirock anziehen und Spickzettel auf den Oberschenkel kleben. Vorteil: Lehrer würden Mädchen niemals unter den Rock schauen – auch wenn sie noch so sicher sind, dass gemogelt wird!

8. **Gesundheit:** Spickzettel so klein wie möglich schreiben und mit Tesa in ein Taschentuch kleben. Sobald du während der Arbeit keine Ahnung mehr hast, niest du einfach kräftig in das schlaue Tuch.

9. **Frisch:** Einen möglichst kleinen Spickzettel in einen halbleeren Labello stecken. Wenn du nicht mehr weiter weißt, bekommen deine Lippen ein wenig Feuchtigkeit und du gleichzeitig Wissensnachschub.

10. **Süß:** Schokoladentafeln sind ein prima Ort für versteckte Infos. Je nachdem, wie viel Platz du benötigst, ritzt du dein Mogelwerk mit einem spitzen Gegenstand in eine Mini- oder Maxi-Tafel. Infos, die du nicht mehr benötigst, darfst du natürlich aufessen.

KONZENTRATION BITTE!

> Vielleicht kennst du das: Wenn du vor einem spannenden Fernsehfilm sitzt, bekommst du um dich herum nichts mehr mit. Selbst wenn vor deinem Fenster die »No Angels« live auftreten, würdest du vermutlich nicht einmal mit der Wimper zucken. Und das alles nur, weil du voll konzentriert auf die Glotze starrst. Glückwunsch, wenn du dich so extrem auf eine Sache einlassen kannst. Pech, wenn du diese Konzentrationsfähigkeit nicht auf die Schule überträgst. Denn bei Klassenarbeiten und Prüfungen gilt: Du musst auf den Punkt topfit sein und alles, was dich ablenken könnte, völlig ausblenden.

Tatsache ist, dass man weniger Fehler macht, wenn man seine Aufmerksamkeit nicht zwischen verschiedenen Dingen hin und her wandern lässt. Wie gut, dass sich Konzentration üben lässt.

Der richtige Kick für deine Konzentration

Unsere Leistungsfähigkeit ist immer auch davon abhängig, ob Body & Soul im gleichen Takt laufen. Deine körperliche und deine seelische Verfassung bringst du in Gleichklang, wenn du ...

* ... für ausreichend Schlaf sorgst.
* ... genügend Zeit hast, um dich zu erholen, und einfach die Seele baumeln lassen kannst.
* ... dich gesund ernährst und viel bewegst. **Tipp:** Inline-Skaten ist durch die gleichmäßigen Bewegungsabläufe perfekt, um innerlich zu relaxen und äußerlich zu trainieren. Außerdem ist die Extralieferung Sauerstoff wichtig, um frischen Wind in den Kopf zu bringen.

✱ ... genügend trinkst. Wasser – etwa zwei bis drei Liter am Tag – ist superwichtig, um die Gedanken im Fluss zu halten.

Zusätzlich solltest du checken, welche Faktoren noch für dich wichtig sind. Vielleicht ist dein Gehirn ja frühmorgens hellwach und du kannst vor der Klassenarbeit noch einmal alles Wesentliche in der »letzten Minute« lernen. Auch wenn du eine Nachteule bist, musst du nicht schwarz sehen. Viele Menschen sind abends am entspanntesten. Deshalb kannst auch du die Ruhe der Nacht für deine schulischen Eingebungen nutzen.

Vorsichtig vor vermeintlichen Fitmachern wie Kaffee! Damit schnellt unsere Aufmerksamkeit zwar kurzfristig in die Höhe, doch sie sinkt umso schneller auch wieder ab. Kaffee entzieht dem Körper nämlich Wasser, das unser Gehirn dringend zum Nachtanken benötigt.

SO KURBELST DU DEINE KONZENTRATIONSFÄHIGKEIT AN

Interesse: Super gut, wenn du total spannend findest, was du lernen sollst! Schlecht, wenn dich das Thema zu Tode langweilt. Deshalb versuche, wenigstens einen Aspekt zu finden, der deine Neugier aus der Reserve lockt.

Abwechslung: Ganz wichtig, weil Langeweile der größte Konzentrationskiller ist. Aber keine Panik: Abwechslung bedeutet nicht, dass du gleich von einer Aufgabe zur nächsten hüpfen musst. Für frischen Wind sorgst du auch, wenn du beim Lernen das Zimmer wechselst und deine Chemieformeln vielleicht in der Küche weiter büffelst. Automatisch Abwechslung bekommst du, wenn du den Raum-Trick beim Lernen anwendest (siehe auch Kapitel »Alles easy!«, Seite 46 ff.). Dabei spazierst du immer wieder durch die Wohnung, um dein Wissen häppchenweise aufzusammeln.

Das funktioniert natürlich nicht, wenn du im Klassenzimmer über einer Prüfung schwitzt. Hier kannst du nur ganz soft für Abwechslung sorgen. Verändere beispielsweise deine Sitzposition. Aber auch Essen oder Trinken verändern kurzfristig das Programm. Wird es ganz schlimm und du hast einen totalen Blackout, bitte den Lehrer, auf die Toilette gehen zu dürfen. Bewegung und ein anderer Blickwinkel helfen dir garantiert über eine totale Nullnummer hinweg.

Step by Step: Ist die Aufgabenstellung zu groß, wird sie schnell unüberschaubar und deine Konzentrationsfähigkeit sinkt auf den Nullpunkt. Genauso, wie du deinen Lernstoff am besten in kleine Häppchen aufteilst, so kannst du auch die Lösung einer Aufgabe während der Klassenarbeit portionieren. Unterteile dabei die Aufgabe in verschiedene Unteraufgaben. Dabei gilt: Je mehr Unteraufgaben du dir stellst, desto strukturierter kannst du dich auf das Ergebnis konzentrieren. Wenn du alles, was du schon geschafft hast, abhakst, hast du außerdem einen prima Überblick über deine Erfolge.

Kampf den Konzentrationskillern

Egal ob während der Klassenarbeit oder bei der Vorbereitung zu Hause – es gibt immer gemeine Störer, die dich ablenken. Hast du deine Aufmerksamkeitsräuber entdeckt, kannst du ihnen das Handwerk legen.

Krach: Straßenlärm, Mutters Kaffeekränzchen oder laute Musik von deinen Geschwistern zu Hause, kichernde Schüler auf dem Schulhof, ständig hüstelnde Mitschüler, Papierrascheln während der Klassenarbeit – störende Geräusche können schnell für einen Konzentrations-K.o. sorgen. Lässt du dich durch alles, was Lärm macht, ablenken, versuch's doch mal mit Ohrstöpseln. Abgeschieden in deiner Gedankenwelt bist du schnell wieder auf Höchstleistungskurs.

Freunde und Familie: Immer wenn du gerade super in ein Thema vertieft bist, will deine Mutter, dass du den Müll rausbringst. Oder deine Freunde stehen auf der Matte, weil sie auf die Halfpipe wollen! Willst du nach solchen Störmanövern weiter pauken, musst du deine Konzentration erst wieder mühsam aufbauen. Etwa 15 Minuten gehen dafür drauf, damit du deinen Lernlevel wieder erreichst. Vorwarnen ist angesagt: Sag Eltern und Geschwistern, dass du eine Stunde absolute Ruhe brauchst, um dich auf die Klassenarbeit vorzubereiten. Erledige deine Family-Pflichten entweder vorher oder nachher. Außerdem sollten alle Freunde abgewimmelt werden – und zur Sicherheit hängst du noch ein »Bitte nicht stören«-Schild an deine Zimmertür.

Stinker: Die Nase rümpfen viele auch, wenn nervige Gerüche die Leistungsfähigkeit ausbremsen. Das kann bei den Prüfungsvorbereitungen deine Mutter sein, die nicht gerade dein Lieblingsessen kocht – oder während der Klassenarbeit dein Nachbar, der ein Brötchen mit Harzer Käse verdrückt. Mahlzeit! Abhilfe zu Hause schafft eine Duftlampe mit Zitrus- oder Bergamotteduft. In der Schule wirkt eine Vanilleschote oder etwas Minze (japanisches Tigeröl) Wunder. Der Duft lenkt dich von den schlechten Gerüchen ab und peppt außerdem deine Aufnahmefähigkeit schnell wieder auf.

Wenn du dir selbst im Weg stehst: Ja, das gibt es auch! Du kannst dir beim Lernen wunderbar auf den Wecker gehen und deine Konzentration killen. Das passiert immer dann, wenn deine Gedanken ständig abschweifen, weil du gerade Liebeskummer hast, du nicht weißt, wie du das Geld für die neue CD zusammen bekommst oder aber deine Eltern stressen. Da hilft nur eins: Stell dir eine Zeitschaltuhr und gib deinen Sorgen und Gedanken fünf Minuten Zeit. Schreib alles auf, was dich bedrückt. Dabei kannst du den ganzen Ballast, der dich blockiert, abwerfen, um danach befreit weiter zu büffeln. Kleiner Tipp: Diese Methode wirkt auch super, wenn du nicht einschlafen kannst.

Training für tolle Leistungen

Wenn mangelnde Konzentration als echter Notenkiller dir das Leben schwer macht, helfen ein paar wirksame Übungen, damit du dich in Zukunft nicht mehr aus der Ruhe bringen lässt. Wichtig: Beim Trainieren kommt es nicht darauf an, dass du Weltrekorde brichst. Geh die Sache ganz relaxed an und stell dir aus den folgenden Tipps deinen ganz persönlichen Trainingsplan zusammen.

Ruhe bitte! Such dir einen Gegenstand – z.B. ein Bild, eine Blume, einen Baum –, auf den du deine ganze Aufmerksamkeit richtest. Versuche, anfangs eine Minute lang deine Konzentration auf den Gegenstand zu zielen. Denke dabei an nichts anderes als an Dinge, die deinen ausgewählten Gegenstand betreffen. Das hilft deiner Aufmerksamkeit, sich richtig festzuhaken. Diese Übung kannst du steigern, indem du dir immer ein wenig mehr Zeit für die totale Konzentration gibst.

Memory! Hast du kleinere Geschwister? Dann werden die sich tierisch freuen, wenn du mit ihnen Memory spielst. Ansonsten gilt: Kram mal in deiner alten Spielzeugkiste und such deine Memorys heraus. Antreten kannst du gegen deine Eltern oder gegen deine Freunde, Memory kannst du aber auch alleine spielen. Für Memory-Meister gibt's übrigens Mega-Memos mit über 100 Kärtchen.

Ohren spitzen! Aufmerksamkeit kannst du auch ganz nebenbei trainieren. So musst du dich ganz schön konzentrieren, wenn du z.B. den Fernseher ganz leise drehst. Probier's mal bei deiner Lieblingssendung aus, denn da hörst du sicher zweimal hin, um ja nichts zu verpassen.

Buchstabenquiz! Schnapp dir eine Zeitung und such dir einen längeren Artikel aus. Deine Aufgabe: Zähle alle »a«, die du in dem Text findest. Anfangs kannst du die Buchstaben mit einem Textmarker markieren, nach einer Weile Übung kannst du deine ganze Aufmerksamkeit so auf den Text richten, dass deine Augen die Buchstaben ganz alleine »fangen«.

Hoch hinaus! Auch beim Austoben kann man seine Konzentrationsfähigkeit erhöhen. Beim Trampolinspringen sorgst du nicht nur für neue Power. Du musst auch hellwach bleiben, damit du nicht vom Sprungtuch fällst.

Stören spielen! Wenn dich hauptsächlich Geräusche und Gerüche daran hindern, voll konzentriert zu lernen, erlaube Eltern oder Geschwistern, dass sie dich mal so richtig nerven dürfen. Und das funktioniert so: Du nimmst dir einen Text – z.B. aus dem Geschichts- oder Biologiebuch – und versuchst dich auf den Inhalt zu konzentrieren. Dein persönlicher Störenfried darf alles tun, um dich abzulenken. Schaffst du es trotzdem, dich volle zwei Minuten nur auf den Text zu konzentrieren?

Überkreuz! Kinesiologie ist ein weiteres Zauberwort für Konzentrationsübungen. Kinesiologie bedeutet übersetzt »Lehre von den Bewegungen der Muskeln«. Kinesiologen sind dabei sicher, dass Körper, Geist und Seele eine Einheit bilden. Bestimmte Bewegungen können deshalb für gute Laune und top Leistungsfähigkeit sorgen. Überkreuzbewegungen sind dabei besonders positiv, weil beide Gehirnhälften gefordert werden.

> **Versuch's mal mit dieser Übung:**
>
> Setz dich mit geradem Rücken auf einen Hocker. Heb jetzt gleichzeitig das rechte Bein und den linken Arm an. Halte die Position zehn Sekunden und wiederhole die Übung mit dem linken Bein und dem rechten Arm. Weil es nicht darauf ankommt, wie hoch du Arme und Beine hebst, eignet sich diese Übung auch prima gegen ein Denktief während der Klassenarbeit.

RELAX!

> Auch wenn du weißt, dass Lernen richtig leicht sein kann, gibt es diese Tage, an denen einfach nichts läuft. Du bist leer im Kopf, kannst dich zu nichts aufraffen und alles, was du büffelst, verschwindet sofort wieder in irgendeiner verschlungenen Gehirnwindung. Dabei kannst du ganz locker deine Leistungsfähigkeit wieder aufbauen.

Mit kleinen Entspannungsübungen, die dich gelassener machen – vor allem, wenn du z.B. kurz vor den Zeugniskonferenzen voll unter Prüfungsdruck stehst –, kannst du deine Panik richtig verschaukeln. Das sanfte Hin-und-Her-Schweben – entweder auf der Gartenschaukel oder aber in einem Schaukelstuhl – löst innerhalb von fünf Minuten sämtliche Muskelverspannungen, die dein Denkvermögen blockieren.

Die Sperre im Kopf löst du auch auf, wenn du deinen Gedanken einfach freien Lauf lässt. Geh auf eine Fantasiereise – vielleicht hast du ja schon immer davon geträumt, den Mount Everest raufzuklettern oder mit einem Heißluftballon um die Welt zu fahren. Vielleicht träumst du auch einfach nur von den schönsten Erlebnissen in deinem letzten Urlaub.

Entspannung pur
Diese zwei Übungen helfen dir selbst in heftigsten Stresszeiten super gelassen zu bleiben.

1. **Auf zum Alpha-Zustand!**
   Kleiner Einblick in die Gehirnforschung: Die Gehirnströme, die unser Denken und Handeln bildhaft zeigen, schwingen abhängig von unserer Laune und unserem Stresszustand in unterschied-

lichen Frequenzen. Bist du richtig locker und gut drauf, produziert dein Gehirn die so genannten Alpha-Frequenzen. Wissenschaftler haben herausgefunden, dass wir in diesem entspannten Alpha-Zustand Informationen besonders gut aufnehmen können. Und so beamst du dich in den Alpha-Zustand:

Geh wieder auf Gedankenreise. Schließe deine Augen und stell dir vor, du würdest einen Apfel auf dem Hinterkopf balancieren. Hältst du diese Vorstellung konzentriert mindestens 30 Sekunden durch, schalten deine Gehirnströme automatisch auf Alpha.

Auch wirkungsvoll:

Stell deine Augen auf unscharf. Richte deinen Blick also nicht auf einen einzigen Gegenstand, sondern lass deine Umgebung verschwimmen, als wenn du durch ein Aquarium guckst. Ganz leicht geht das, wenn du schräg nach oben in die Ferne schaust. Nach etwa 20 Sekunden sendet dein Gehirn die ersten angenehmen Alpha-Wellen.

2. Hand auflegen!

Stimuliere deine Entspannungszonen. Dazu suchst du dir ein bequemes Plätzchen, legst dich auf den Rücken und schließt die Augen. Stell dir vor, du blickst auf ein knisterndes Kaminfeuer oder du schwebst als Adler durch die Lüfte. Lege jetzt beide Hände auf das Sonnengeflecht. Das ist das Nervenzentrum im Oberbauch kurz über dem Bauchnabel, auch Solarplexus genannt. Die Stelle findest du ganz leicht, denn da kribbelt und drückt es immer besonders heftig, wenn du im Stress bist oder dir irgendetwas Angst macht. Atme ganz tief durch und sage dabei mehrmals laut hintereinander »O«. Lass das »O« dann langsam zu einem »A« werden, das du ebenfalls mehrmals hintereinander ausrufst.

SOS-TIPPS
So bleibst du bei Klassenarbeiten cool!

Du hast gebüffelt ohne Ende, der Stoff sitzt perfekt und eigentlich müsstest du auf dem besten Weg sein, um sämtliche Gute-Noten-Rekorde zu brechen. Und dann passiert es: Du sitzt bei der Klassenarbeit vor deinem prall gefüllten Aufgabenzettel. Nur: Dein Kopf ist so hohl wie eine Kokosnuss. Alles, was du mühsam erlernt hast, ist einfach weg! Dafür hast du das dringende Bedürfnis, ein stilles Örtchen aufzusuchen, weil dir dein Magen vor Nervosität eine Kampfansage macht. Jetzt heißt es: Bloß nicht verzweifeln! Mit den folgenden Tricks machst du deiner Panik Beine:

✱ Blende dich aus dem Geschehen aus, indem du deinen Kopf zwischen die Hände stützt und nur auf dein Pult blickst. Schließe dabei die Augen und zähle von 13 ganz langsam rückwärts. Versuche dabei, genauso langsam und tief ein- und wieder auszuatmen.

✱ Lies dir die Aufgaben in aller Ruhe durch. Um dich und deine Konzentration warm zu laufen, suchst du dir zunächst einmal die leichteste Frage aus. Hast du sie gut beantwortet, steigen dein Selbstvertrauen und deine Leistungsfähigkeit automatisch an.

✻ Pausen sind auch während der Klassenarbeit wichtig. Hier gilt genauso wie beim Büffeln zu Hause: Fünf Minuten höchste Konzentration verdienen eine Minute Nichtstun. Nutze deine Pausen, um einfach aus dem Fenster zu sehen oder einen kleinen Snack, z.B. eine Banane, zu essen. Das ist besonders wichtig, wenn die Arbeit über mehrere Stunden geht.

✻ Bleibst du bei einer Aufgabe stecken, lass dich nicht länger als maximal drei Minuten frusten. Kommst du dann immer noch nicht weiter, ist Abwechslung angesagt. Widme dich einer anderen, leichteren Aufgabe.

✻ Wenn du vor der Abgabezeit fertig bist, kannst du noch Fehler ausmerzen. Korrigiere zunächst nur auf Rechtschreibfehler und danach erst auf inhaltliche Patzer. Ganz wichtig: Immer nur Fehler berichtigen, von denen du ganz sicher weißt, dass es auch wirklich Fehler sind. Oft bist du nach einer Prüfung nämlich so ausgepowert, dass dir selbst die einfachsten Dinge spanisch vorkommen.

✻ Hilft keiner dieser Tipps gegen die totale Nervosität, versuch's doch mal hiermit: Stell dir deinen Lehrer oder deine Lehrerin einfach in Badehose oder Bikini vor. Das ist besonders wirkungsvoll bei mündlichen Prüfungen oder auch, wenn du über die Hausaufgaben ausgefragt wirst. Lehrer erscheinen unter einem anderen Blickwinkel nämlich ganz »normal« – schließlich sind sie ja auch nur Menschen ...

LEHRER ...

... die unbekannten Wesen

Gute Seiten, schlechte Seiten: Lehrer sind eigentlich wie ein offenes Buch. Hast du sie einmal durchschaut, kann in der Schule nichts mehr schief gehen. Auf dem Weg zu Bestnoten gibt's hier eine kleine Anleitung, wie du mit den Chefs und Chefinnen im Klassenzimmer richtig umgehst. Übrigens: Auch wenn unsere Lehrertypen hier männlich sind, gibt es sie natürlich immer auch als weibliche Ausgabe.

Kleine Lehrertypologie
DER COOLE

Daran erkennst du ihn: Er stürmt mit Jeans und Sneakern das Klassenzimmer und weiß, dass du nicht deine Großeltern meinst, wenn du über die 3. Generation sprichst. Meist bietet er an, »du« zu ihm zu sagen und ihr würdet euch nicht mal wundern, wenn ihr ihn auf der Love Parade ravend auf einem Techno-Transporter entdeckt. Fast könnte man meinen, er sei nur Lehrer geworden, damit er mehr Zeit zum Feiern hat. Doch Pech gehabt! Auch wenn er ganz vorne an der Spaßfront steht, lässt er Party pur im Klassenzimmer nicht zu. Das sorgt in den ersten Unterrichtsstunden zwar für etwas Verwirrung. Aber sobald er seinen Unterricht Marke »Abenteuer Lernen« durchzieht, hat er die Spannung auf seiner Seite. Weil er aus dem Satz des Pythagoras eine aufregende Story macht und selbst trockene Chemieformeln mit kleinen Experimenten zum Knaller werden lässt.

Seine Macken: Cool hin oder her – auch er hat seine kleinen Macken. Er kann es als »Berufsjugendlicher« nämlich nicht ertragen, wenn er nicht »dazugehört«. Sein Wunsch, die Zeit zurückzudrehen und selber noch mal Schüler zu sein, verteidigt er als pädagogisches Grundprinzip der Gleichberechtigung! Abgesehen davon liebt er nichts mehr als Beifall und Bewunderung. Deshalb lädt er seine Schüler gerne mal ins Kino oder sogar zu sich nach Hause ein.

So wickelst du ihn um den Finger: Ganz klar, du hast Besseres zu tun, als jedes Wochenende im Garten deines Lehrers am Lagerfeuer zu sitzen und pädagogisch wertvolle Kartoffeln zu grillen. Die Kunst, ihn nicht zu enttäuschen, liegt deshalb in der richtigen Entschuldigung. Finde ihn toll und heuchle dabei ein wenig Engagement – für die Selbsthilfegruppe der Opfer entflogener Wellensittiche bis zum Bastelnachmittag für Kick-Boarder mit Schleudertrauma. Er wird es garantiert verstehen!

Und du hast noch nicht einmal geschwindelt – schließlich ist es absolut sozial, sich um seine wirklichen Freunde zu kümmern.

DER DIKTATOR

Daran erkennst du ihn: Wenn du an seinen Unterricht denkst, verursacht das auf der Stelle Bauchschmerzen. Er ist so superstreng, dass du schon einen Verweis wegen Störens bekommst, wenn du einmal husten musst. Einzig und allein das Geräusch vor Angst Zähne klappernder Schüler scheint ihm zu gefallen. Seine Lieblingsbeschäftigung im Unterricht ist natürlich das akribische Abfragen der Hausaufgaben. Wenn ihm dabei mal ein Lächeln über die Lippen huscht, hat er garantiert jemanden erwischt, der nicht gelernt hat. Darauf scheint er nur zu warten, denn endlich kann er all seine Macht ausspielen und schlechte Noten verteilen. Trotzdem stellt sich selbst den fleißigen Schülern die ewige Frage, ob er überhaupt weiß, wie man eine 1 oder eine 2 schreibt. Denn diese Noten kommen bei ihm praktisch nie vor.

Seine Macken: Er ist furchtbar pingelig. Und wenn etwas nicht genau nach Plan läuft, wirft ihn das gleich aus der Bahn. Also mach dich auf eine besonders schreckliche Unterrichtsstunde gefasst, wenn der Wetterbericht Sonne vorausgesagt hat und es trotzdem wie aus Kübeln gießt – damit sinkt seine Laune noch tiefer unter den Gefrierpunkt.

So wickelst du ihn um den Finger: Das Unmögliche machst du wahr, wenn du ihn mit gespieltem Ehrgeiz austrickst. Dazu reicht es, sich freiwillig bei den Hausaufgaben zu melden. Erstens ist ihm Gehorsam suspekt, zweitens befürchtet er seine verpasste Chance, einen faulen Schüler zu erwischen, und drittens könntest du ihn darum bringen, seine chronisch schlechte Laune an euch abzulassen. Wetten, dass er notorisch an dir vorbeischaut, sobald dein Finger in die Höhe schnellt?

LEHRERTYPOLOGIE

DER LANGWEILER

Daran erkennst du ihn: Du fragst dich ständig, ob er einen Sponsorenvertrag bei einem Kaffeehändler hat, denn in seinem Unterricht steigt das Verlangen, sich Kaffee intravenös zu verabreichen. Selbst die Lektüre des Telefonbuchs von Kairo ist spannender. Das Gemeine: Wer in der Schule ständig Schiffe versenken spielen muss, um nicht einzuschlafen, der bekommt sonst nichts mit. Auch nicht das bisschen, das er euch beibringen will. Aber spielt das wirklich eine Rolle? Nach dem Gong kann sich sowieso keiner daran erinnern, was eigentlich los war. Nicht einmal der Lehrer selbst, der genauso lautlos und unbemerkt verschwindet, wie er gekommen ist.

Seine Macken: Was für Macken? Der Langweiler ist so langweilig, dass er wirklich nicht auffällt.

So wickelst du ihn um den Finger: Gar nicht so einfach, denn dazu musst du den Langweiler erst einmal wahrnehmen. Ist dir das allerdings gelungen, schenk ihm ein wenig Aufmerksamkeit und lobe ihn für die Auswahl seiner Themen. Sei dabei ganz unbesorgt, dass deine Mitschüler dir das übel nehmen könnten, denn die dämmern ja ahnungslos vor sich hin. Und wundern sich spätestens bei der Zeugnisvergabe, wie du zu deiner Traumnote gekommen bist.

LEHRERTYPOLOGIE

DER CHAOT

Daran erkennst du ihn: Wirrer Blick, wuschelige Haare und wilde Bewegungen – der Chaot wirkt immer leicht hektisch und scheint ständig auf der Suche zu sein. Mal findet er das Klassenzimmer nicht, mal hat er vergessen, ob er mit dem Auto oder dem Fahrrad zur Schule gekommen ist. Fragst du ihn nach seinem Namen, wäre es nicht verwunderlich, wenn er als Antwort »Moment, ich muss schnell mal in meinen Ausweis schauen« stammelt. Dafür ist der Unterricht bei ihm wirklich witzig und unterhaltsam – vor allem, weil der Chaot vorwiegend in Chemie- und Physiksälen zu finden ist. Dort sorgt er immer wieder für Bombenstimmung, wenn eines seiner Experimente danebengeht, weil er die Zutaten für das Reagenzglas verwechselt hat.

Seine Macken: So verwirrt wie seine Erscheinung ist auch sein Unterricht. Mit seiner Art, den Stoff durchzuziehen, hätte er mehr Chancen Comedy-Star zu werden als den Titel »Lehrer des Jahres« zu ergattern. Doch auch wenn es während seiner Stunden viel zu lachen gibt, vergeht dir das spätestens, wenn du zu Hause für die nächste Schulaufgabe lernen musst. Denn so richtig hängen geblieben ist nichts.

So wickelst du ihn um den Finger: Nur auf Grund der Schusseligkeit eines Lehrers viel Geld für Nachhilfestunden auszugeben – nein, das ist selbst beim Chaoten nicht notwendig. Schlaumeier lesen den Stoff im Schulbuch nach, und wer nicht so gut mitkommt, fragt ihn einfach selber. Denn das Plus des Chaoten ist seine Liebenswürdigkeit. Wenn du ihn nach Schulschluss noch um Hilfe bittest, fühlt er sich total geschmeichelt. Und er nimmt sich alle Zeit der Welt, den Stoff mit dir noch einmal durchzugehen – schließlich hat er ja vergessen, wann er zu Hause sein wollte.

DER KLEMMI

Daran erkennst du ihn: Läufst du ihm über den Weg, bist du die ganze Zeit versucht nach deinem Kontostand zu fragen, denn: Hinter einem Bankschalter wäre der Klemmi bestens aufgehoben. Dort könnte er sich unter der Maske der Seriosität verstecken. In der Tat ist er immer korrekt gekleidet – er würde eher Weihnachten vergessen, als jeden Morgen eine Krawatte akkurat zu binden. Deshalb verwechseln manche Schüler ihn anfangs mit dem diktatorischen Typ. Doch über seine Urangst vor dem Schüler im Allgemeinen kann er nur kurz hinwegtäuschen. Das erkennst du daran, dass sich bei Stress die männlichen Vertreter der Spezies mit Schweißtropfen auf der Stirn am Pult festkrallen, während die weiblichen Klemmis Heuschnupfen selbst im tiefsten Winter vortäuschen und schniefend aus dem Klassenzimmer laufen. Wahrscheinlich ist deshalb, dass dem Klemmi ein Therapeut geraten hat Lehrer zu werden. Ganz schön gemein, denn den Schulalltag steht er nur durch, weil er sich am Lehrplan entlanghangelt wie an einer Rettungsleine.

Seine Macken: Schau einem Klemmi niemals in die Augen, denn das macht ihn nur noch nervöser. Abgesehen davon gibst du dem notorischen Weggucker die Chance, sich tatsächlich dein Gesicht zu merken. Und so riskierst du sein nächstes Opfer zu werden, wenn es darum geht, den Stoff abzufragen.

So wickelst du ihn um den Finger:
Der Klemmi hat nur eine Chance sich durchzusetzen: die Noten. Hast du dabei eher schlechte Karten, solltest du dich für ihn einsetzen. Ein kurzes »Seid doch endlich mal still« während des Unterrichts zu deinen Klassenkameraden entlarvt dich nicht gleich als Schleimer, bringt dir beim Klemmi aber sofort Pluspunkte. Denn das Sensibelchen an der Schule hört immer hin, wenn jemand seine Partei ergreift.

LEHRERTYPOLOGIE

DER SPORTLER

Daran erkennst du ihn: Fühlst du dich nach seinem Unterricht, als hättest du einen 10 000-Meter-Lauf hinter dich gebracht, obwohl doch eigentlich Englisch auf dem Stundenplan stand? Klopft er ständig Sprüche wie »Vor den Erfolg hat das Olympische Komitee den Schweiß gesetzt!« und treibt er euch mit gefletschten Zähnen zu Höchstleistungen an? Dann bist du an den sportlichsten unter den Lehrern geraten. Wobei du Sport leider nicht mit Spaß, sondern mit tierisch hohen Anforderungen gleichsetzen musst. Dabei gilt es, nur erste Plätze zu erkämpfen – Schüler, die im Mittelmaß zu Hause sind, ignoriert er schlichtweg. Was natürlich auch Vorteile hat. Denn hinter dem Treppchen mit den Siegertypen kannst du dich prima verstecken und eine ruhige Kugel schieben.

Seine Macken: Die Power des Sportlers beschränkt sich nicht nur darauf, den Lehrstoff in Rekordgeschwindigkeit durchzuhecheln. Er benutzt die Schüler auch als Mittel zum Zweck, um unter den Kollegen groß rauszukommen. Wirklich spannend dabei: Bei dem Versuch, die Klasse auf seine Seite zu bringen, plaudert er die nettesten Geheimnisse aus dem Lehrerkollegium aus.

So wickelst du ihn um den Finger:
Nichts einfacher als das! Entweder du bleibst für ihn weiter unsichtbar – oder aber du wählst die Offensive, ohne in seinem Fach die T-Shirts durchzuschwitzen. Dabei darfst du ihn ruhig mit seinen eigenen Waffen schlagen. Beschwer dich über die Ungerechtigkeit von Lehrer XY, und schon sieht er in dir einen Verbündeten, den er gerne in sein Team aufnimmt. Und da er unangefochten der Team-Leader bleiben wird, zieht er dich logischerweise mit durch – bis zum nächsten Zeugnis!

BLOSS NICHT ÄRGERN LASSEN!

Zugegeben, manchmal hat man einfach Pech mit den Paukern! Dabei musst du zwischen zwei Lehrertypen unterscheiden: Mit den einen kommst du einfach nicht klar, und die anderen sind wirklich richtig gemein und haben dich auf dem Kieker. Bei Ersteren bringst du den Unterricht nach dem Motto »Augen zu und durch« am besten hinter dich. Denn wenn jemand nun mal nicht auf deiner Wellenlänge liegt, hilft entweder nur eine anstrengende Kursänderung, oder aber du akzeptierst das und versuchst, dem Lehrer keine Angriffsfläche zu bieten, indem du dich im Unterricht beteiligst und deine Hausaufgaben möglichst nicht vergisst. Leider gibt es aber auch die Lehrer, bei denen man den Eindruck hat, dass sie sich jeden Morgen noch vor dem Kaffee über ihren Beruf schwarz ärgern. Dafür müssen dann die Schüler büßen: Im Unterricht hagelt es Ungerechtigkeiten, und schlechte Noten gehören zum guten Ton.

FAQs zu fiesen Lehrern

Wie du mit solchen Spaß-an-der-Schule-Verderbern umgehst, erfährst du hier. Dabei gilt: Wenn du mit den Tipps nicht weiterkommst oder dir ein ganz hartnäckiges und fieses Lehrerexemplar das Schülerleben schwer macht, kannst du dich immer an den Vertrauenslehrer oder den Elternbeirat wenden.

Wenn der Lehrer immer nur rumbrüllt ...

... solltest du zunächst einmal Ursachenforschung betreiben. Check, ob hinter seinen Wutausbrüchen vielleicht die pure Hilflosigkeit steckt, weil eure Klasse ihn schlichtweg tyrannisiert. Manche Lehrer schaffen es nämlich nicht, sich durchzusetzen, und reagieren dann mit Lautstärke und Ungerechtigkeiten. In diesem Fall solltest du dich an den Klassensprecher oder direkt an deine Schulkollegen wenden. Du oder der Klassensprecher sollte den Lehrer auf die Problematik ansprechen. Merkt er, dass er ein paar Schüler hinter sich hat, wird er sicher schon gelassener sein. Kleiner feiner Nebeneffekt: Solches Engagement wirkt sich immer positiv auf die Noten aus.

Tipp:

Wendet euch entweder an den Vertrauenslehrer oder aber an den Elternbeirat, um den Lehrer zur Rede zu stellen. So erreicht ihr, dass er sich zusammenreißen muss, weil er merkt, dass sein unangemessenes Verhalten kontrolliert wird.

BLOSS KEIN ÄRGER!

Ist der Lehrer jedoch cholerisch veranlagt, d.h. die Wutausbrüche sind eine seiner (unangenehmen) Charaktereigenschaften, müsst ihr zunächst sein gesamtes Verhalten scannen. Seid ihr überzeugt, dass er seinen Job mehr als Alptraumberuf ansieht, ist es besser, einer direkten Konfrontation aus dem Weg zu gehen.

Gehören gelegentliche Ausraster eher zu seinem Temperament, könnt ihr den Lehrer direkt darauf ansprechen und ihn bitten etwas cooler zu sein.

Wenn die Klassenarbeit total ungerecht benotet ist ...

... solltest du zunächst herausfinden, ob du »nur« eine bessere Note erwartet hast oder ob die Beurteilung deiner Arbeit wirklich ungerecht ist. Deshalb gilt: Nicht gleich losschimpfen, sondern die Klassenarbeit erst mal mit nach Hause nehmen. Da kannst du nämlich in Ruhe über die Randbemerkungen deines Lehrers nachdenken und vielleicht auch mit deinen Eltern darüber sprechen. Und wer weiß: Vielleicht hat der Lehrer ja doch Recht gehabt.

Wenn du trotzdem dabei bleibst, dass du eine bessere Bewertung verdient hast, machst du dir am besten eine Kopie des Arbeitsblattes und kommentierst die Randbemerkungen deines Lehrers

mit deinen Einwänden. So ist sicher, dass du deine Kritikpunkte nicht vergisst. Bitte dann den Lehrer um ein Gespräch – am besten natürlich während seiner Sprechstunde und nicht zwischen Tür und Angel. Kommt ihr zu keinem Ergebnis, kannst du entweder deine Eltern oder auch den Vertrauenslehrer einschalten.

Wenn alle aus der Klasse eine schlechte Note bekommen haben und der Lehrer nicht gesprächsbereit ist, fragt euch erst einmal ganz ehrlich, ob es eventuell an kollektiver Faulheit lag. Ist mangelnder Lerneifer kein Grund, bittet die Schulleitung um Nachkorrektur durch einen anderen Lehrer. Unterstützung bei den Verhandlungen könnt ihr euch auch bei diesem Problem immer vom Elternbeirat oder aber vom Vertrauenslehrer holen.

Wenn der Lehrer immer zu spät kommt und dann den Unterricht bis in die Pause überzieht ...

... hilft wie bei allen Problemen erst einmal Reden. Ist Mr. Unpünktlich allerdings nicht zur Besserung bereit, schlagt ihn mit seinen eigenen Waffen.

Kommt selber – am besten als geschlossene Klassengemeinschaft – noch unpünktlicher als er. Und auch wenn's schwer fällt – will er den Unterricht beenden, lasst ihn nicht gehen! Bombardiert ihn mit Fragen bis weit in die Pause hinein (das ist ja auch seine Pause!). Garantiert genügt dann nur noch ein kleiner Hinweis, damit er die Aktion begreift und sein Verhalten überdenken wird.

Wenn du glaubst, dass der Lehrer dich nicht ausstehen kann ...

... fragst du erst einmal bei deinen Klassenkameraden nach, ob sie auch den Eindruck haben, dass er dich besonders auf dem Kieker hat. Manchmal sind solche Empfindungen nämlich nur extrem subjektiv. So kann es sein, dass er nicht gerade dein Lieblingsfach unterrichtet. Logisch, dass er dich deshalb öfter zum Lernen auffordert oder dich anmeckert, weil du (mal wieder?) eine Aufgabe nicht erledigt hast. Das solltest du dann allerdings nicht persönlich nehmen, sondern lediglich auf die nicht so guten Leistungen schieben.

Manche Lehrer sind aber beispielsweise echte Experten für Sippenhaft. Das bedeutet, dass du schlechte Karten bei ihm hast, wenn vielleicht eines deiner älteren Geschwister schon mit ihm im Clinch lag. Ist das der Fall, musst du dich häufig doppelt anstrengen, um das Gegenteil zu beweisen. Du kannst den Lehrer aber auch darauf ansprechen und ihm freundlich sagen: »Ich weiß, dass mein Bruder (meine Schwester) ziemlich Mist gemacht hat. Aber ich bin wirklich an dem Fach interessiert und würde mich freuen, wenn Sie mich nicht mit meinem Bruder (meiner Schwester) vergleichen!«

Wenn du findest, dass sich das zu »schleimig« anhört, denk daran, dass du es immer erst auf die nette Tour versuchen solltest – getreu nach dem Motto eines alten Philosophen-Sprichwortes: Freundlichkeit ist die beste Waffe!

Wenn der Lehrer Vertretungsstunden ständig dafür nutzt, um seinen Stoff noch weiter voranzutreiben ...

... ist das zwar fies, aber erlaubt! Das heißt, dass ihr euch in der Vertretungsstunde wohl oder übel damit abfinden müsst, dass der jeweilige Vertretungslehrer sein eigenes Unterrichtsprogramm durchziehen kann – und euch sogar Noten geben darf. Bleibt euch also nur übrig, auf seinen »Good Will«, also auf sein Entgegenkommen, zu hoffen. Mit einem kleinen Trick kommt ihr bei ihm bestimmt weiter: Sagt ihm, dass ihr euch auf die Unterrichtsstunde, die ausgefallen ist, vorbereitet habt. Jetzt möchtet ihr gerne die Zeit nutzen, um mit den Klassenkameraden entweder den Stoff noch einmal zu vertiefen oder aber die nächste Stunde vorzubereiten. Ein kleiner Hinweis, dass der erkrankte Lehrer euch gebeten hätte, in Ausfallstunden so vorzugehen, wirkt Wunder. Schließlich will sich der Übereifrige nicht mit seinen Kollegen anlegen!

Wenn der Lehrer euch ständig nachspioniert und überprüfen will ...

... steht erst mal wieder Selbstkritik im Vordergrund. Hat er vielleicht einen Grund dazu, weil ihr ihn schon öfter mal ausgetrickst habt? Dann könnt ihr sein Vertrauen nur wiedergewinnen, indem ihr die Prüfungsprozeduren über euch ergehen lasst. Sammelt er regelmäßig die Hefte ein, ist es natürlich wichtig, dass ihr alle Hausaufgaben ordentlich ausgeführt habt. Bereitet euch am besten auf das nächste Mal so vor, dass ihr eure Hefte untereinander tauscht und fehlende Aufgaben nachtragt. Wendet ihr diesen Trick ein paar Mal hintereinander an, wird auch den misstrauischen Lehrer die Macht der Gewohnheit beeinflussen. Das heißt nichts anderes, als dass er sicher ist, dass ihr auch in Zukunft eure Aufgaben so vorbildlich erledigt. Ganz einfach aus dem Grund, weil er sicher Besseres zu tun hat, als ständig eure Hefte zu kontrollieren.

Wenn der Lehrer Jungs bevorzugt oder Mädchen besser behandelt ...

... hilft wieder ein Griff in die Schüler-Trickkiste. Denn es gibt sie wirklich, die Pauker, die einen echten Geschlechterbonus vergeben. Da ist vielleicht der Chemielehrer, der der Meinung ist, dass Formeln für Mädchen nur wichtig sind, wenn es um die Zusammensetzung des neuesten Blondtons zum Haarefärben geht. Oder die Kunstlehrerin, die findet, dass Jungs bei Mondrian an alles vom neuen Beruhigungsmittel bis zum Computerspiel denken – nur nicht an einen zeitgenössischen Maler. Bei Experten mit Vorurteilen hilft häufig die Überraschungtaktik. Verblüfft den Jungs-/Mädchen-Bevorzuger damit, dass auch die anderen was drauf haben. Dabei gilt: Im Team seid ihr nicht nur stärker, sondern auch erfolgreicher. Bildet also eine Jungs- oder Mädchengruppe und schlagt den betreffenden Lehrern ein Referat vor, weil ihr euch brennend für dieses Thema interessiert. So viel Eigeninitiative bringt euch eine Menge Anerkennung und wird garantiert immer belohnt.

DIE BESTEN AUSREDEN

> Zu spät gekommen, Hausaufgaben vergessen oder sogar die letzte Stunde geschwänzt und dabei erwischt worden? Da hilft nur eins: Wenn du dich aus diesem Schlamassel schon rausreden willst, sollte deine Entschuldigung nicht nur clever, sondern möglichst auch witzig und ausgefallen sein. Denn je weniger Alltägliches du an den Lehrer bringst, desto eher wird er dir glauben. Oder aber so sehr über deine (faule) Ausrede schmunzeln, dass er sie gelten lässt. Und deshalb ist hier ausnahmsweise mal Flunkern erlaubt.

Aber Achtung: Übertreiben sollte man den Spaß mit den Entschuldigungen natürlich nicht, sonst hat man ganz schnell ausgelacht.

Hier gibt's die coolsten Ausreden für alle Fälle:

Wenn du zu spät kommst ...

* »Ich musste meinem kleinen Bruder noch das Alphabet beibringen.« (besonders wirkungsvoll beim Deutschlehrer)
* »Mein kleiner Bruder hat sich einen Spaß erlaubt und meine Schultasche versteckt. Als ich das gemerkt habe, war er schon im Kindergarten und es hat so lange gedauert, bis ich sie gefunden habe.«
* »Ich wollte die Zeit berechnen, die ich brauche, um mit dem Fahrrad in die Schule zu kommen. Als ich fertig war, fing die Stunde leider schon an.« (passend, wenn du zur Mathestunde zu spät kommst)

- »Die Bushaltestelle ist verlegt worden. Ich musste sie erst suchen gehen.«
- »Ich war schon fast in der Schule, als da so ein rücksichtsloser Autofahrer direkt neben mir durch die Pfütze bretterte. Ich war pitschnass und musste wieder nach Hause, um mich umzuziehen.« (nur bei Regenwetter bitte)
- »Bei unseren Nachbarn ist eingebrochen worden und die Polizei hat mich noch verhört, ob ich etwas Auffälliges gesehen hätte.«
- »In unserer Straße war Stromausfall, deshalb ging mein Radiowecker nicht mehr richtig und konnte mich nicht wecken.«

AUSREDEN

Wenn du deine Hausaufgaben vergessen hast ...

* »Meine Mutter hat das Heft versehentlich eingesteckt und mit ins Büro genommen.«
* »Es ist mir voll peinlich, aber unser Kater hat auf das Heft gepinkelt. Ich konnte es nur noch wegwerfen.«
* »Unser Hund hat mein Heft aufgefressen.«
* »Zu dumm, aber ich hab ein neues Heft angefangen. Die Hausaufgaben sind aber noch im alten Heft. Und das ist zu Hause.«
* »Ich hab leider meine Schultasche beim Pokern verloren.«

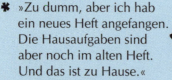

Wenn du beim Schule-Schwänzen erwischt wirst ...

* »Ich bin hier mit meiner Mutter verabredet, die mir ein Heft bringen wollte. Sie muss sich verspätet haben.«
* »Ich hab heute Morgen etwa hier meinen Schlüssel verloren und suche ihn jetzt.«
* »Ich bin sicher, dass auf dem Vertretungsplan steht, dass die letzte Stunde entfällt.«
* »Ich weiß, dass ich spät dran bin, aber ich wollte unseren Klassenlehrer mit frischen Brötchen überraschen.«

Übrigens …

… wenn du ganz dringend eine Ausrede brauchst, gibt es sogar eine Ausreden-Agentur. Da kümmern sich Flunkerspezialisten darum, Entschuldigungen möglichst glaubhaft unter die Leute zu bringen.
Zu erreichen ist die Agentur auch online unter **www.ausreden-agentur.de.**

Weitere Ausreden für alle Fälle gibt's ebenfalls im Internet. Unter **www.ausreden24.de** kannst du dir sogar Rat für ganz spezielle Fälle holen. Stell deine Situation, für die du eine Entschuldigung benötigst, einfach ins Netz und manchmal hast du schon wenige Stunden später die perfekte persönliche Ausrede.

DAS DICKE ENDE...

Glückwunsch, denn jetzt kennst du alle Tipps und Tricks, mit denen dir das Lernen ganz leicht fällt. Dazu noch perfekte Strategien, mit denen du die Lehrer auf deine Seite ziehst, und schon macht Schule richtig Spaß! Auch wenn du nicht gleich im nächsten Monat die Hitliste der Klassenbesten anführst – Hauptsache ist: Lernen bringt dich weiter und du kannst deine Erfolge beim Pauken ausgiebig genießen. Ganz einfach, weil auch nach der Schule in deinem Terminkalender noch genügend Zeit für jede Menge Fun in der Freizeit bleibt.

Lass dir deshalb auch von Problemen den Schulspaß nicht vermiesen! Egal ob du Stress mit deinen Mitschülern oder mit deinen Lehrern hast – kann dir der Vertrauenslehrer nicht weiter helfen, solltest du dich unbedingt an Fachleute wenden. Dort bekommst du schnell kompetenten Rat, ohne dich selber aufzureiben.

Andere Schulen haben auch nette Lehrer

Wenn dir die Schule trotz aller Tipps und Tricks Bauchschmerzen bereiten sollte, ist Ursachenforschung angesagt. Vielleicht liegt es ja weder an fiesen Lehrern noch an blöden Mitschülern, dass du auf keinen grünen Zweig kommst. Ist Lernen zurzeit einfach nicht dein Ding oder kommst du wirklich nicht auf eine Wellenlänge mit deinen Paukern? Dann solltest du ernsthaft über einen Schulwechsel nachdenken.
Selbst wenn du vom Gymnasium zur Realschule wechselst, verbaust du dir keine Zukunftschancen. Im Gegenteil: Du verschaffst dir eine kleine Atempause und sorgst gleichzeitig dafür, dass du ganz fix dein Zeugnis wieder vorzeigen kannst. Und dann ist endlich auch in der Schule wieder Fun statt Frust angesagt!

**Nummer gegen Kummer:
0800-1110333
montags bis freitags
15 bis 19 Uhr**

Das Sorgentelefon des Kinderschutzbundes kann man immer anrufen, wenn einen etwas bedrückt – natürlich auch, wenn es gar nichts mit der Schule zu tun hat. Der Anruf ist kostenlos, und man kann auf Wunsch völlig anonym bleiben. Selbstverständlich wird von den Mitarbeitern alles, was du ihnen erzählst, vertraulich behandelt, d.h. wenn du es nicht willst, erfährt niemand etwas davon.
Wichtig: Du kannst die Kummernummer auch von zu Hause aus anrufen, ohne dass deine Eltern etwas merken. Gebührenfreie 0800-Nummern tauchen nämlich auf der Telefonrechnung nicht auf. Dürfen deine Eltern von deinem Telefonat nichts erfahren, solltest du allerdings daran denken, bei modernen Telefonapparaten die Wahlwiederholungs- oder Anrufliste zu löschen.
Du kannst dich aber auch schriftlich an den Kinderschutzbund wenden:

Deutscher Kinderschutzbund
Schiffgraben 29
30159 Hannover

Schulberatung

Schulprobleme von Mobbing über Gewalt bis hin zu Stress mit den Lehrern wirst du bei der Schulberatung los. Adressen bekommst du über dein zuständiges Schulamt, das du über die Gemeinde oder das Rathaus erfährst.

Online-Hilfe gibt's unter www.schulberatung.de oder www.schulpsychologie.de.
Hier findest du auch eine nach Ländern geordnete Adressenliste von Schulberatungsstellen in deiner Nähe.

REGISTER

A
Ablagesystem 40
abschalten (Tricks) 23
Abwechslung 86 f.
aufräumen 37 ff.
  Aufräumtipps 43 ff.
Ausreden 120 ff.
  Ausreden im Internet 123
  beim Schwänzen erwischt 122
  Hausaufgaben vergessen 122
  zu spät kommen 120 f.
Auszeit 73 f.

B
Bewegung 24, 85
Biorhythmus 28
Braining 19 ff.

C
Chemie 48 ff.
Chronobiologie 20

D
Daten merken 49 ff.

E
Elternbeirat 113
Energiesnack 74 f.
Entspannung 93 ff.
  Übungen 93 ff.
Erdkunde 58 ff.
Erholung 85
Ernährung 85
Eselsbrücken 56 f

F
Fitness 23 f.
Food-Fitmacher 75
Formeln lernen 48 f.
Frühstück 20 f.

G
Gehirnhälften 60
Geschichte 58 ff.
Grammatik 52 ff.

H
Hörbücher 55

I
innere Uhr 20 ff., 28 ff.
Internet 76 f.
  Ausreden 76 f.
  Hausaufgaben, -forum 76 f.
  Klassenarbeiten 76 f.
  Lerninfos 76
  Nachhilfeforum 76 f.
  Nachhilfelehrer 76
  Referate, -archiv, -forum 76 f.
  Spickzettel 76 f.

K
Karteikastensystem 52
Konzentration 85 ff.
Konzentrationsfähigkeit 86 ff.
Konzentrationskiller 87 ff.
Konzentrationstraining 90 f.
Kurzzeitgedächtnis 21

L
Langzeitgedächtnis 24 f.
Lehrer 99 ff.
  Umgang mit Lehrern 99 ff.
  Umgang mit fiesen/ungerechten Lehrern 113 ff.
Lehrertypen 99 ff.
  Der Chaot 106 f.
  Der Coole 100 f.